Lab Manual / Workbook

Голоса

A Basic Course in Russian

Book 1
Third Edition

Richard Robin
The George Washington University

Karen Evans-Romaine
Ohio University

Galina Shatalina
The George Washington University

Joanna Robin

Prentice Hall

Upper Saddle River, New Je

Publisher: Phil Miller
Assistant Director of Production: Mary Rottino
Assistant Editor: Meriel Martinez
Production Liaison: Claudia Dukeshire
Editorial and Production Supervision: Kathy Ewing
Editorial Assistant: Meghan Barnes
Marketing Manager: Stacy Best
Prepress and Manufacturing Manager: Nick Sklitsis
Prepress and Manufacturing Buyer: Camille Tesoriero
Interior Design: Kathryn Foot
Cover Design: Kiwi Design
Line Art Manager: Guy Ruggiero

This book as set in 11/13 Minion Cyrillic by Interactive Composition Corporation
and was printed and bound by Bradford & Bigelow, Inc.
The cover was printed by Bradford & Bigelow, Inc.

Printed in the United States of America
10 9 8 7 6 5 4 3

ISBN   0-13-049705-3

Pearson Education LTD., London
Pearson Education Australia PTY, Limited, Sydney
Pearson Education Singapore, Pte. Ltd.
Pearson Education North Asia Ltd., Hong Kong
Pearson Education Canada, Ltd., Toronto
Pearson Educación de México, S.A. de C.V.
Pearson _____ pan, Tokyo
Pearso_____ ia, Pte. Ltd.
Pear_____ addle River, New Jersey

Contents

Алфавит

 Числительные

1. You will now learn numbers 1 through 10. Listen to the audio while looking at the script below.

0 ноль	6 шесть	10 де́сять	5 пять
1 оди́н	7 семь	9 де́вять	4 четы́ре
2 два	8 во́семь	8 во́семь	3 три
3 три	9 де́вять	7 семь	2 два
4 четы́ре	10 де́сять	6 шесть	1 оди́н
5 пять		0 ноль	

2. Listen to the audio and write down the numbers you hear (in figures, not in words!). Proceed vertically in each column.

а. _____   а. _____   а. _____

б. _____   б. _____   б. _____

в. _____   в. _____   в. _____

г. _____   г. _____   г. _____

д. _____   д. _____   д. _____

е. _____   е. _____   е. _____

ж. _____   ж. _____   ж. _____

3. Listen to the tape and cross out the numbers you hear.

a. 1 2 3 4 5 6 7 8 9 10

b. 1 2 3 4 5 6 7 8 9 10

💿 Давайте послушаем и почитаем

Listening and Reading

1. Listen to the list of the authors to be covered in an upcoming literature class.

a. Check the names you hear.

Аксёнов	Гончаро́в	Го́рький	Достое́вский	Ле́рмонтов
Лимо́нов	Набо́ков	Оле́ша	Пу́шкин	Синя́вский
Солжени́цын	Толсто́й	Турге́нев	Че́хов	Чуко́вский

б. Will the course cover nineteenth- or twentieth-century literature?

2. Listen to the itinerary for a trip and check off the cities named.

Владивосто́к	Москва́	Ирку́тск	Оде́сса
Смоле́нск	Ялта	Хаба́ровск	Новосиби́рск
Ви́тебск	Томск	Санкт-Петербу́рг	Омск

3. Listen to the list of lottery prizes and check off the ones named.

телеви́зор	ра́дио	саксофо́н	телефо́н
компью́тер	дива́н	камко́рдер	гита́ра
самова́р	ла́мпа	маши́на	при́нтер
фотоаппара́т	мотоци́кл	пиани́но	шокола́д

4. Listen to the announcer on the audio, read the names of people to be invited to a party, and check off the names you hear.

Бо́ская Анна Серге́евна	Ивано́в Дми́трий Ильи́ч
Више́вская Ната́лья Никола́евна	Ивано́ва Еле́на Влади́мировна
Влади́миров Григо́рий Никола́евич	Па́влова Мари́я Петро́вна
Влади́мирова Зинаи́да Васи́льевна	Петро́в Пётр Па́влович
Гага́рин Па́вел Па́влович	Шукши́н Серге́й Петро́вич
Литви́нов Никола́й Миха́йлович	

5. Russian authors.

a.   Listen to the names of a number of Russian authors. Match the last names to the first names and patronymics below.

1. Анна Андре́евна   ___ Ахма́това

2. Алекса́ндр Иса́евич   ___ Ахмаду́лина

3. Андре́й Дона́тович   ___ Бербе́рова

4. Бе́лла Аха́товна   ___ Ги́нзбург

5. Ви́ктор Оле́гович   ___ Ги́ппиус

6. Зинаи́да Никола́евна   ___ Достое́вский

7. Анто́н Па́влович   ___ Жу́кова

8. Ве́ра Фёдоровна   ___ Ле́рмонтов

9. Бори́с Леони́дович   ___ Пано́ва

10. Евге́ния Семёновна   ___ Пастерна́к

11. Лев Никола́евич   ___ Пеле́вин

12. Мари́на Ива́новна   ___ Синя́вский

13. Ма́рья Семёновна   ___ Солжени́цын

14. Михаи́л Юрье́вич   ___ Толста́я

15. Фёдор Миха́йлович   ___ Толсто́й

16. Ни́на Никола́евна   ___ Цвета́ева

17. Татья́на Ники́тична   ___ Че́хов

6. Have you read any of these authors' works? If so, be prepared to tell the class a little about what you read.

в.   What other Russian writers do you know?

Давайте почитаем

Reading

A. Recognizing printed Russian letters

6. The following Russian words are cognates—they may not look like their English counterparts, but they sound like them. Match the Russian and English words.

1 диван	1. couch
6 компьютер	2. radio
5 телефон	3. television
2 радио	4. chair
4 стул	5. telephone
3 телевизор	6. computer
9 банан	7. grapefruit
8 кофе	8. coffee
10 лимон	9. banana
7 грейпфрут	10. lemon
13 зебра	11. leopard
14 тигр	12. giraffe
11 леопард	13. zebra
12 жираф	14. tiger
17 гитара	15. trombone
18 кларнет	16. flute
20 пианино	17. guitar
19 саксофон	18. clarinet
15 тромбон	19. saxophone
16 флейта	20. upright piano

7. State Names.

a. Match the Russian names of the states with their English equivalents.

19 Мэн	41 Се́верная Дако́та	1. Alabama	27. Nebraska
29 Нью-Хэ́мпшир	34 Ю́жная Дако́та	2. Alaska	28. Nevada
45 Вермо́нт	27 Небра́ска	3. Arizona	29. New Hampshire
39 Род-Айленд	16 Канза́с	4. Arkansas	30. New Jersey
21 Массачу́сетс	17 Кенту́кки	5. California	31. New Mexico
30 Нью-Дже́рси	42 Теннесси́	6. Colorado	32. New York
32 Нью-Йо́рк	1 Алаба́ма	7. Connecticut	33. North Carolina
38 Пенсильва́ния	24 Миссиси́пи	8. Delaware	34. North Dakota
7 Конне́ктикут	18 Луизиа́на	9. Florida	35. Ohio
8 Де́лавэр	43 Теха́с	10. Georgia	36. Oklahoma
20 Мэ́риленд	36 Оклахо́ма	11. Hawaii	37. Oregon
51 Округ Колу́мбия	4 Арканза́с	12. Idaho	38. Pennsylvania
46 Вирги́ния	26 Монта́на	13. Illinois	39. Rhode Island
33 Ю́жная Кароли́на	50 Вайо́минг	14. Indiana	40. South Carolina
10 Джо́рджия	6 Колора́до	15. Iowa	41. South Dakota
9 Флори́да	44 Юта	16. Kansas	42. Tennessee
35 Ога́йо	31 Нью-Ме́ксико	17. Kentucky	43. Texas
22 Мичига́н	3 Аризо́на	18. Louisiana	44. Utah
14 Индиа́на	28 Нева́да	19. Maine	45. Vermont
13 Иллино́йс	12 Айдахо	20. Maryland	46. Virginia
49 Виско́нсин	47 Вашингто́н	21. Massachusetts	47. Washington
23 Миннесо́та	37 Орего́н	22. Michigan	48. West Virginia
15 Айова	5 Калифо́рния	23. Minnesota	49. Wisconsin
25 Миссу́ри	2 Аля́ска	24. Mississippi	50. Wyoming
48 За́падная Вирги́ния	11 Гава́йи	25. Missouri	51. District of Columbia
40 Се́верная Кароли́на		26. Montana	

б. Underline the Russian names of the thirteen original colonies. Pronounce them.

в. Place a check mark next to the Russian names of the states you have visited. Pronounce them.

г. Highlight in yellow the Russian names of the states you have lived in. Pronounce them.

8. Match the country names with their capitals.

_3_ Берли́н   1. Испа́ния

_4_ Ло́ндон   2. Кита́й

_9_ Отта́ва   3. Герма́ния

_6_ Вашингто́н   4. Англия

_8_ Пари́ж   5. Япо́ния

_7_ Рим   6. США

_5_ То́кио   7. Ита́лия

_2_ Пеки́н   8. Фра́нция

_1_ Мадри́д   9. Кана́да

9. Silently read the text below to find answers to the following questions.

а. What is the person's first name?   Анна

б. Does she work or does she go to school?   goes to school

в. Do she and her parents live in the same city?   yes.

г. What is her mother's profession?   Engineer

д. What is her father's profession?   Journalist

> Меня́ зову́т Анна. Я студе́нтка. Я живу́ в Москве́. Ма́ма и па́па то́же живу́т в Москве́.
> Кто они́? Ма́ма — инжене́р, а па́па — журнали́ст.

Б. Palatalization: Hard vs. Soft Consonants

10. The labels have been mixed up from the columns in the following table. Show which labels should be attached to which columns. Then circle the soft consonants in each word.

Animals ~~Months~~	Foods ~~Family~~	Months ~~Animals~~	Concepts ~~Foods~~	Family Members ~~Concepts~~
январь	мать	зебра	мясо[5]	либерали́зм
февра́ль	ма́ма	ти́гры	изю́м[6]	консервати́зм
ию́нь	сын	леопа́рд	ды́ня[7]	коммуни́зм
а́вгуст	тёти[1]	соба́ка[3]	бифште́кс	демокра́тия
октя́брь	дя́дя[2]	обезья́на[4]	котле́ты	идеоло́гия

Hints:

1. Mother's **сёстры.**

2. The husband of **тётя.**

3. In English we name them **Ро́увер, Спот, Лэ́сси,** and **Рин-тин-ти́н.** In Russian, you might hear **Ша́рик, Жу́чка, Бо́бик,** and **Дружо́к.**

4. A sidekick of **Тарза́н** was one of these. Her name was **Чи́та.**

5. **Вегетариа́нцы** don't eat this.

6. A dried version of **виногра́д,** which is also used to make **вино́.**

7. It's yellow, big, tangy, and juicy, and you might eat it for breakfast instead of **гре́йпфрут.**

B. Recognizing italic Russian letters

11. Match the printed words with their italic counterparts.

_3_ диван		1. _телевизор_
_6_ компьютер		2. _стул_
_5_ телефон		3. _диван_
_4_ радио		4. _радио_
_2_ стул		5. _телефон_
_1_ телевизор		6. _компьютер_
_9_ банан		7. _грейпфрут_
_10_ кофе		8. _лимон_
_8_ лимон		9. _банан_
_7_ грейпфрут		10. _кофе_
_13_ зебра		11. _леопард_
_14_ тигр		12. _жираф_
_11_ леопард		13. _зебра_
_12_ жираф		14. _тигр_
_19_ гитара		15. _пианино_
_16_ кларнет		16. _кларнет_
_15_ пианино		17. _тромбон_
_20_ саксофон		18. _флейта_
_17_ тромбон		19. _гитара_
_18_ флейта		20. _саксофон_

Г. Recognizing cursive Russian letters

12. Match the printed words with their cursive counterparts. Then circle the printed names of the subjects you have studied.

____ матема́тика	1. *химия*
____ биоло́гия	2. *русский язык*
____ хи́мия	3. *история*
____ исто́рия	4. *математика*
____ францу́зский язы́к	5. *английский язык*
____ ру́сская литерату́ра	6. *французская история*
____ ру́сский язы́к	7. *биология*
____ англи́йский язы́к	8. *американская литература*
____ францу́зская исто́рия	9. *французский язык*
____ америка́нская литерату́ра	10. *русская литература*

13. Match the printed words with their cursive counterparts. Then circle the word that would be a good title for the entire list. There is one extra word in the second column.

____ гитари́ст	1. *саксофонист*
____ музыка́нты	2. *органист*
____ пиани́ст	3. *гитарист*
____ саксофони́ст	4. *музыканты*
____ органи́ст	5. *музыкант*
	6. *пианист*

14. Match the printed names with their cursive counterparts. What do you know about these people? What do they have in common?

____ Страви́нский

____ Проко́фьев

____ Чайко́вский

____ Му́соргский

____ Шостако́вич

____ Ри́мский-Ко́рсаков

____ Гли́нка

1. *Глинка*

2. *Стравинский*

3. *Римский-Корсаков*

4. *Чайковский*

5. *Прокофьев*

6. *Шостакович*

7. *Мусоргский*

15. Match the printed words with their cursive counterparts. Then circle the word that does not fit with the others.

____ хокке́й

____ бейсбо́л

____ футбо́л

____ фильм

____ гольф

____ баскетбо́л

____ волейбо́л

____ гимна́стика

____ бо́кс

____ те́ннис

____ ре́гби

1. *регби*

2. *гимнастика*

3. *волейбол*

4. *теннис*

5. *фильм*

6. *хоккей*

7. *бокс*

8. *бейсбол*

9. *баскетбол*

10. *футбол*

11. *гольф*

16. Write one line of each capital and lowercase letter.

А а _____

_____

Б б _____

_____

В в _____

_____

Г г _____

_____

Д д _____

_____

Е е _____

_____

Ё ё _____

_____

Ж ж _____

_____

З з _____

_____

И и _____

_____

Й й _____

_____

К к _____

_____

Л л _____

_____

М м _____

_____

Н н _____

_____

О о _____

П п _____

_____

Р р _____

_____

С с _____

_____

Т т _____

_____

У у _____

_____

Ф ф _____

_____

Х х _____

_____

Ц ц _____

_____

Ч ч _____

_____

Ш ш _____

_____

Щ щ _____

_____

ъ _____

ы _____

ь _____

Э э _____

_____

Ю ю _____

_____

Я я _____

_____

17. Copy the following state names in cursive. Pay special attention to the way the letters are connected to each other.

Айдахо _____

Пенсильвания _____

Мэн _____

Вермонт _____

Аризона _____

Флорида _____

Джорджия _____

Огайо _____

Техас _____

Алабама _____

Калифорния _____

Арканзас _____

Кентукки _____

Юта _____

Мичиган _____

Вашингтон _____

18. Copy the following city names in cursive. Check the U.S. cities. Put a star next to the cities you have visited.

Кишинёв _____

Гамбург _____

Нью-Йорк _____

Чикаго _____

Бразилия _____

Литл-Рок _____

Уичито _____

Цинциннати _____

Сент-Луис _____

Ялта _____

19. Write your name in cursive in Russian.

_____

20. Write in cursive the Russian name of each item under the correct picture. Use the words in the box.

бана́н	дива́н	зе́бра	компью́тер
леопа́рд	лимо́н	пиани́но	ра́дио
рюкза́к	саксофо́н	гита́ра	стул
телеви́зор	тигр		

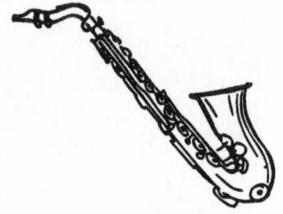

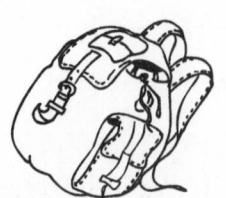

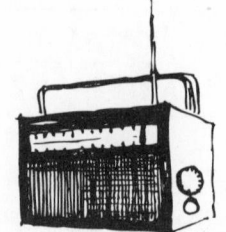

Немного о себе

Числительные

А. You already know numbers 0–10. You will now learn to recognize numbers 11–20.

11	оди́ннадцать	16	шестна́дцать
12	двена́дцать	17	семна́дцать
13	трина́дцать	18	восемна́дцать
14	четы́рнадцать	19	девятна́дцать
15	пятна́дцать	20	два́дцать

ОДИН + НА + ДЦАТЬ
(де́сять).

Б. Listen to the audio and write down the numbers you hear (in figures, not in words!). Proceed vertically in each column.

а   б   в

_____   _____   _____

_____   _____   _____

_____   _____   _____

_____   _____   _____

_____   _____   _____

_____   _____   _____

В. Listen to the audio and write down the numbers you hear (in figures, not in words!). Proceed vertically in each column.

_____	_____	_____
_____	_____	_____
_____	_____	_____
_____	_____	_____
_____	_____	_____
_____	_____	_____
_____	_____	_____

Г. Listen to the audio and cross out the numbers you hear.

a. 1 2 3 4 5 6 7 8 9 10

б. 11 12 13 14 15 16 17 18 19

Д. Listen to the following street addresses and fill in the blanks. Sometimes house numbers consist of digits alone, sometimes of digits plus a letter.

1. у́лица Плеха́нова, дом _____, кварти́ра _____.

2. Не́вский проспе́кт, дом _____, кварти́ра _____.

3. пло́щадь Револю́ции, дом _____, кварти́ра _____.

4. Светла́новский проспект, дом _____, кварти́ра _____.

5. улица Ле́рмонтова, дом _____, кварти́ра _____.

6. улица Ле́нина, дом _____, кварти́ра _____.

7. Каменноостро́вский проспе́кт, дом _____, кварти́ра _____.

8. Мосфи́льмовская у́лица, дом _____, кварти́ра _____.

9. пло́щадь Побе́ды, дом _____, кварти́ра _____.

10. Центра́льная пло́щадь, дом _____, кварти́ра _____.

Фонетика и интонация

Intonation Contour 2 (IC-1)

A. Listen to the audio contrasting the falling intonation of the following Russian statements with the rising intonation of their English counterparts.

English	**Russian**
My name is John. I'm a student.	Меня́ зову́т Джон. Я студе́нт.
I am an American.	Я америка́нец.
My name is Mary. I'm a student. I am Canadian.	Меня́ зову́т Мэ́ри. Я студе́нтка. Я кана́дка.
My last name is Smith. I live in Washington. I go to college.	Моя́ фами́лия — Смит. Я живу́ в Вашингто́не. Я учу́сь в университе́те.
It's very nice to meet you.	Очень прия́тно познако́миться.
Me too.	Мне то́же.

Б. Repeat the sentences you hear on the audio, imitating the intonation as closely as you can.

Men	**Women**
Я студе́нт.	Я студе́нтка.
Я америка́нец.	Я америка́нка.
Я живу́ в Аме́рике.	Я живу́ в Аме́рике.

Vowel Reduction

B. Review the rules for pronouncing the letter **o** in unstressed syllables (p. 11 in the textbook). Then repeat the following words on the audio, imitating their pronunciation as closely as you can.

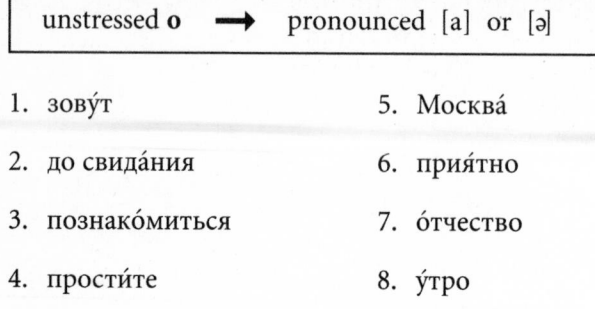

1. зову́т
2. до свида́ния
3. познако́миться
4. прости́те
5. Москва́
6. прия́тно
7. о́тчество
8. у́тро

Г. Review the rules for pronouncing the letter **e** in unstressed syllables (p. 12 in the textbook). Then repeat the following words, imitating their pronunciation as closely as you can.

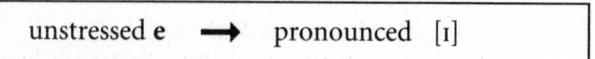

1. америка́нец
2. америка́нка
3. о́тчество
4. о́чень
5. меня́

Устные упражнения

To do these exercises, follow the examples on the audio. Compare your answer with the correct response. Do each exercise several times. You will know you have active control of the forms when you can supply the correct answers without hesitation.

Oral Drill 1 (Greetings) How would you say hello to the following people the first time you meet them during the day? Use **здра́вствуйте!** or **здра́вствуй!**

Образе́ц:

| Ма́ма ➡ Здра́вствуй, ма́ма! | Еле́на Макси́мовна ➡ Здра́вствуйте, Еле́на Макси́мовна! |

Ди́ма

Ди́ма и Са́ша

Алекса́ндр Петро́вич

Та́ня

Ната́лья Петро́вна

Oral Drill 2 (Greetings) How would you greet someone at the times shown? Proceed vertically.

Образе́ц:

До́брое у́тро!   До́брый ве́чер!

а.

б.

в.

г.

д.

е.

ж.

з.

Oral Drill 3 (1.3 nationality and gender—америка́нец vs. америка́нка) Indicate that the following people are Americans.

Джон ➡ Джон — америка́нец.

Мэ́ри	Ма́рвин
Джим	Кэ́трин
Ли́нда	Джейн
Кэ́рол	Мэ́тью
Эван	Ке́вин

Oral Drill 4 (1.3 nationality and gender—кана́дец vs. кана́дка) Indicate that the following people are Canadians.

Са́ра ➡ Сара — кана́дка.

Джон, Кен, Кэ́рол, Энн, Фред

Oral Drill 5 (1.3 students and gender—студе́нт vs. студе́нтка) Practice asking the following people whether they are students.

Hint: This drill also gives you a chance to learn some common Russian first names. Put a check mark next to the men's names.

Ната́ша ➡ Ната́ша, ты студе́нтка?

Алекса́ндр	Ка́тя
Серёжа	Та́ня
Бо́ря	Ва́ня
Ве́ра	Анато́лий
Никола́й	Оля

Oral Drill 6 (1.6 в + prepositional case to indicate location) Indicate where the following people are.

> Аня (институ́т) ⟶ Аня в институ́те.

Анто́н (музе́й)

Мэ́ри (парк)

Анна Васи́льевна (рестора́н)

Вади́м (шко́ла)

Бори́с Петро́вич (теа́тр)

Са́ша (университе́т)

Oral Drill 7 (1.6 в + prepositional case to indicate location) How would the inhabitants of these places indicate where they live?

> Москва́ ⟶ Я живу́ в Москве́.

Санкт-Петербу́рг

Ва́шингто́н

Омск

Нью-Йо́рк

Ирку́тск

Бо́стон

Но́вгород

Лос-Анджелес

Волгогра́д

Сиэ́тл

Арме́ния

Сент-Лу́ис

Хаба́ровск

Нева́да

Новосиби́рск

Вирги́ния

Росси́я

Калифо́рния

Ла́твия

Oral Drill 8 (1.6 в + prepositional case to indicate location) How would students who go to college in these cities indicate where they are studying?

> Где вы у́читесь? (Москва́) ➡ Я учу́сь в Москве́.

Санкт-Петербу́рг	Вашингто́н
Воро́неж	Нью-Йо́рк
Екатеринбу́рг	Бо́стон
Пятиго́рск	Лос-Анджелес
Новоросси́йск	Сиэтл
Смоле́нск	Сент-Лу́ис
Новосиби́рск	По́ртленд

Oral Drill 9 (1.6 в + prepositional case to indicate location) How would students at these institutions indicate where they are studying?

> Где вы у́читесь? (университе́т) ➡ Я учу́сь в университе́те.

институ́т, шко́ла, университе́т

Oral Drill 10 Listen to the dialog and fill in the missing words.

— Здра́вствуй! Я но́вый _____ .

— Очень _____ . Джон.

— Ви́ктор. _____ не америка́нец?

— _____ . _____ в Блу́мингтоне, штат Индиа́на.

— Недалеко́ от Чика́го, да? А где ты у́чишься?

— Я _____ как раз в Чика́го.

— Вот как! Ну, _____ _____ с тобо́й познако́миться.

— Мне то́же.

Письменные упражнения

1. **(Cursive handwriting)** You have been asked to prepare place cards for a luncheon. Use your best penmanship. Here is a list of invited guests.

Ирина Васильевна Боская   Глеб Александрович Сергеев

Марина Яковлевна Иванова   Вадим Петрович Шолохов

2. **(Cursive handwriting)** Copy the following sentences, personalizing them as indicated.

Доброе утро! _____

Меня зовут. . . (fill in your name) _____

Я живу в штате. . . (fill in your state) _____

Я учусь в штате. . . (fill in your state) _____

3. (1.6 nominative case vs. prepositional case) Indicate which words are in the nominative case (N) and which ones are in the prepositional case (P).

1. Марина (   ) — студентка (   ).

2. Джим (   ) — канадец (   ).

3. Я (   ) живу в России (   ).

4. Сан-Франциско (   ) в Калифорнии (   ).

5. Ты (   ) живёшь в Москве (   )?

6. Антон (   ) в университете (   ).

4. (1.6 в + prepositional case to indicate location) Give the location of the following cities. To make the last half of this exercise more meaningful, look at the map of Russia and the Newly Independent States in the textbook.

Рига — Латвия ➡ Рига в Латвии.

Бостон — Массачусетс _____

Чикаго — Иллинойс _____

Феникс — Аризона _____

Атланта — Джорджия _____

Мэдисон — Висконсин _____

Майами — Флорида _____

Сиэтл — Вашингтон _____

Тбилиси — Грузия _____

Кишинёв — Молдова _____

Воронеж — Россия _____

Ташкент — Узбекистан _____

Харьков — Украина _____

Вильнюс — Литва _____

5. (**1.6 в + prepositional case**) People from the following cities are asked where they live. What will they write?

> Бостон ➡ Я живу в Бостоне.

Нью-Йорк _____

Вашингтон _____

Чикаго _____

Лос-Анджелес _____

Сан-Франциско _____

Балтимор _____

Сан-Диего _____

Филадельфия _____

Рига _____

Новгород _____

Тбилиси _____

6. (**1.6 в + prepositional case**) People from the following cities are asked where they go to school. What will they write?

> Где вы учитесь? (Санкт-Петербург) ➡ Я учусь в Санкт-Петербурге.

Москва _____

Владивосток _____

Киев _____

Одесса _____

Вильнюс _____

Тула _____

Цинциннати _____

Сакраменто _____

Буффало _____

Торонто _____

How about you? Answer the question about yourself.

_____

_____

7. Визовая анкета. Review the application on page 35 in the textbook. Then fill out the form below with your information. Remember, non-Russians do not have an **отчество**.

КОНСУЛЬСТВО (консульский отдел посольства) РФ В США

ВИЗОВАЯ АНКЕТА

Место для фотографии

Национальность		
Гражданство		
Фамилия		
Имя, отчество		
Дата рождения	Пол	
Цель поездки	Бизнес ☐	Туризм ☐
Маршрут следования (в пункты)		
Дата въезда	Дата выезда	
Профессия		
Место рождения		
Паспорт №	Годен до:	
Девичья фамилия		
Фамилия мужа/жены		
Даты Ваших поездок в СССР или Россию		
Место работы	Рабочий тел.	
Адрес постоянного места жительства	Домашний тел.	

Я заявляю, что все данные, указанные в анкете, являются правильными и полными.

Дата: _____   Подпись: _____

8. Немного о себе. Fill in the blanks with the correct forms of the words.

[Hello] _____! [My name is] _____ [*Fill in your name*]

_____. [I am] _____ [*your nationality*]

_____. [I live] _____ [in] _____ [*your country*]

_____. [I study] _____ [in] _____ [a university]

_____. [The university is] _____ [in] _____ [*name of the state*]

_____.

9. Вопросы. The questions in this dialog have been lost. Restore them.

_____

— Меня зовут Ольга.

_____

— Смирнова.

_____

— В Москве.

_____

— Да, я студентка.

_____

— Я учусь в университете.

Что у меня есть?

♪ Числительные

A. Numbers 20–49. Listen to the numbers and repeat.

20	30	40
два́дцать	три́дцать	со́рок
два́дцать оди́н	три́дцать оди́н	со́рок оди́н
два́дцать два	три́дцать два	со́рок два
два́дцать три	три́дцать три	со́рок три
два́дцать четы́ре	три́дцать четы́ре	со́рок четы́ре
два́дцать пять	три́дцать пять	со́рок пять
два́дцать шесть	три́дцать шесть	со́рок шесть
два́дцать семь	три́дцать семь	со́рок семь
два́дцать во́семь	три́дцать во́семь	со́рок во́семь
два́дцать де́вять	три́дцать де́вять	со́рок де́вять

Б. Teens and -ties. Listen for the difference. Write down the numbers you hear. Proceed vertically.

а   б   в

_____   _____   _____

_____   _____   _____

_____   _____   _____

_____   _____   _____

_____   _____   _____

В. Twos and nines. Numbers with twos and nines can be confusing. Write down each of these numbers. Proceed vertically.

а   б   в

_____   _____   _____

_____   _____   _____

_____   _____   _____

_____   _____   _____

Г. Номера́ телефо́нов. Midsize Russian cities have six-digit phone numbers. Jot down the numbers for each of these people in Volgograd.

Константи́н Фили́ппов (Ко́стя)   _____

Мари́я Жу́кова (Ма́ша)   _____

Алекса́ндр Полищу́к (Са́ша)   _____

Гали́на Бело́ва (Га́ля)   _____

Влади́мир Цара́пов (Воло́дя)   _____

Лев Леви́цкий (Лёва)   _____

Анна Соколо́ва (Аня)   _____

Наде́жда Вишнёвская (На́дя)   _____

Эдуа́рд Ивано́в (Эдик)   _____

Ива́н Ла́птев (Ва́ня)   _____

Фонетика и интонация

Questions with a question word

Intonation Contour 2 (IC-2)

For Russian questions with a question word, the intonation falls sharply on the word being asked about. The heavy intonation fall may sound brusque to you.

Чей это чемода́н?   Где пода́рки?   Какой сюрпри́з?

The intonation for simple declarative sentences (IC-1) sounds less brusque.

Это мой чемода́н.   Пода́рки здесь.

A. Listen to the conversation below. Indicate whether you hear IC-1 or IC-2. Underline the word emphasized.

1. а.   (IC-___)   — Где ва́ша ви́за?

   б.   (IC-___)   — Вот она́.

2. а.   (IC-___)   — Чей это чемода́н?

   б.   (IC-___)   — Это мой чемода́н.

   в.   (IC-___)   — Это то́же мой чемода́н.

3. а.   (IC-___)   — Что у вас там?

   б.   (IC-___)   — Это видеомагнитофо́н.

   в.   (IC-___)   А это мои́ видеокассе́ты.

   г.   (IC-___)   — Что на видеокассе́тах?

   д.   (IC-___)   — Новые америка́нские фи́льмы.

Б. Repeat the questions on the audio, imitating the intonation as closely as you can. Repeat the exercise until you are pleased with the results. Do not be afraid of sounding "rude." IC-2 may sound brusque to English speakers, but Russians perceive it as normal.

1. Как вас зову́т?
2. Как ва́ше и́мя-о́тчество?
3. Как ва́ша фами́лия?
4. Где вы живёте?

5. Где па́спорт и ви́за?
6. Где ва́ши чемода́ны?
7. Каки́е у вас кни́ги?
8. Кто э́то?

В. Review the rules for pronouncing the letter **o** in unstressed syllables. Then repeat the words on the audio. Imitate their pronunciation as closely as you can.

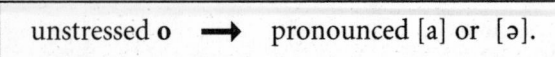

unstressed **o** ➡ pronounced [a] or [ə].

1. оде́жда
2. докуме́нты
3. пода́рок
4. чемода́н
5. большо́й

6. то́лько
7. молоде́ц
8. спаси́бо
9. пожа́луйста
10. хорошо́

Г. Review the rules for pronouncing the letter **e** in unstressed syllables. Then repeat the words on the audio, imitating their pronunciation as closely as you can.

unstressed **e** ➡ pronounced [I].

1. деклара́ция
2. чемода́н
3. ма́ленький
4. америка́нский
5. телеви́зор

Устные упражнения

Oral Drill 1 (2.2 plural nouns) Make these nouns plural.

| Это кни́га. ➡ Это кни́ги. |

чемода́н, докуме́нт, кассе́та, магнитофо́н, деклара́ция, университе́т, пла́тье, газе́та, пода́рок, студе́нт, слова́рь, ра́дио, доска́, тетра́дь, каранда́ш, ру́чка, рюкза́к

Oral Drill 2 (2.3 personal pronouns) Answer the questions. Follow the model.

| Где Мари́на? ➡ Она́ здесь. |

Где Вале́ра?   Где Ли́нда?

Где ма́ма?   Где па́па?

Где студе́нт?   Где студе́нтка?

Где студе́нты?   Где америка́нцы?

Где кана́дка?   Где президе́нт?

Oral Drill 3 (2.3 personal pronouns) Answer the questions. Follow the model.

| Где ви́за? ➡ Ви́за? Вот она́. |

Где докуме́нты?   Где деклара́ция?

Где па́спорт?   Где чемода́н?

Где джи́нсы?   Где фотоаппара́т?

Где кни́га?   Где пла́тье?

Где ра́дио?   Где магнитофо́н?

Где маши́на?   Где пальто́?

Где слова́рь?   Где за́пись?

Где рюкза́к?   Где тетра́дь?

Где ту́фли?   Где мел?

Oral Drill 4 (2.4 possessive pronouns) Respond that the following things are yours.

> Чей э́то чемода́н? ➡ Мой.

Чья э́то ви́за?

Чей э́то па́спорт?

Чья э́то ма́йка?

Чьё э́то ра́дио?

Чья э́то кассе́та?

Чей э́то слова́рь?

Чьи э́то джи́нсы?

Чьё э́то письмо́?

Чья э́то оде́жда?

Чьё э́то пла́тье?

Чьи э́то докуме́нты?

Чей э́то магнитофо́н?

Чья э́то деклара́ция?

Чья э́то за́пись?

Чей э́то сви́тер?

Чей э́то каранда́ш?

Oral Drill 5 (2.4 possessive pronouns) Respond yes to the following questions.

> Это твоя́ кассе́та? ➡ Да, моя́.

Это ваш па́спорт?

Это его́ магнитофо́н?

Это её журна́л?

Это твоя́ газе́та?

Это их докуме́нты?

Это ва́ша маши́на?

Это её пла́тье?

Это на́ши ру́чки?

Это твои́ брю́ки?

Это ва́ша футбо́лка?

Это его́ рюкза́к?

Oral Drill 6 (2.2 and 2.4 plural nouns and possessive pronouns) Restate these sentences in the plural.

Это мой чемода́н. ➡ Это мои́ чемода́ны.

моя́ кассе́та	наш фотоаппара́т
твоя́ кни́га	ваш костю́м
мой журна́л	на́ша газе́та
твой слова́рь	ва́ша студе́нтка
моя́ ма́йка	наш университе́т
твоё пла́тье	ва́ше письмо́
твой каранда́ш	ваш рюкза́к

Oral Drill 7 (2.3–2.4 personal and possessive pronouns) Respond to the following questions as in the model. Think about the meaning of the possessive words.

Где мой па́спорт? ➡ Ваш па́спорт? Вот он.

Где их магнитофо́н?

Где мои́ джи́нсы?

Где моя́ ма́йка?

Где его́ докуме́нты?

Где наш профе́ссор?

Где твой пода́рок?

Где ва́ши докуме́нты?

Где моё пла́тье?

Где её компью́тер?

Где твоя́ тетра́дь?

Где на́ши ру́чки?

Где твои́ боти́нки?

Oral Drill 8 (2.4 чей) Ask to whom these items belong.

> Вот докуме́нты. → Чьи э́то докуме́нты?

Вот магнитофо́н.

Вот кни́га.

Вот па́спорт.

Вот ра́дио.

Вот маши́на.

Вот кассе́ты.

Вот перча́тки.

Вот руба́шка.

Вот рюкза́к.

Вот каранда́ш.

Вот боти́нки.

Oral Drill 9 (2.4 чей) Look at the pictures and ask to whom the items belong. Listen to the audio to check your answers. Proceed horizontally.

> Чья э́то кни́га?

а.

б.

в.

г.

д.

е.

Oral Drill 10 (2.5 and 2.8 adjectives, having) Indicate that you have these items.

У вас си́ний костю́м? ➡ Да, у меня́ си́ний костю́м.	

У вас но́вый видеомагнитофо́н?

У вас небольшо́й слова́рь?

У вас хоро́шая кассе́та?

У вас ста́рое пальто́?

У тебя́ ру́сские кни́ги?

У тебя́ хоро́шее ра́дио?

У тебя́ америка́нский телеви́зор?

У тебя́ но́вое пла́тье?

У тебя́ краси́вая маши́на?

Oral Drill 11 (2.5 and 2.8 adjectives, having) Say the opposite of everything the questioner asks.

У тебя́ больша́я маши́на? ➡ Нет, ма́ленькая.	

У тебя́ но́вое пла́тье?

У тебя́ хоро́ший видеомагнитофо́н?

У тебя́ хоро́шая маши́на?

У тебя́ но́вый кассе́тник?

У тебя́ интере́сный журна́л?

У тебя́ ма́ленький кассе́тник?

У тебя́ краси́вая маши́на?

У тебя́ плохо́е ра́дио?

У тебя́ ста́рый чемода́н?

Oral Drill 12 (2.6 какóй) Ask for information about the following items.

> машúна → Какáя у вас машúна?

фотоаппарáт, кассéты, рáдио, подáрок, чемодáн, дом (house), газéта, пальтó, часы́

Oral Drill 13 (2.5–2.6 adjectives, какóй) Indicate that the following items are new.

> Какáя у вас кнúга? → Нóвая.

Какáя у тебя́ машúна?

Какúе у тебя́ кассéты?

Какóй у тебя́ фотоаппарáт?

Какóе у вас рáдио?

Какúе у вас кнúги?

Какáя у вас одéжда?

Oral Drill 14 (2.4 and 2.6 чей, какóй, что) Supply questions to the following answers.

> Это большóй университéт. → Какóй это университéт?
> Это наш телевúзор. → Чей это телевúзор?
> Это компью́тер. → Что это?

Это америкáнский диск.

Это мой рюкзáк.

Это её сапогú.

Это кассéтник.

Это мобúльный телефóн.

Это áнгло-рýсский словáрь.

Это интерéсная газéта.

Это стáрые очкú.

Это твоё плáтье.

Это рýчка и карандáш.

Oral Drill 15 (2.7 э́то vs. э́тот) Ask to whom these items belong.

Вот докуме́нты. ➡ Эти докуме́нты ва́ши?

Вот магнитофо́н.

Вот кни́га.

Вот па́спорт.

Вот ра́дио.

Вот маши́на.

Вот кассе́ты.

Вот перча́тки.

Вот слова́рь.

Вот рюкза́к.

Вот каранда́ш.

Вот ви́за.

Письменные упражнения

1. (2.2 plurals of nouns)

1. Next to each noun, write its nominative plural form.

2. Circle each ending that involves the 7-letter spelling rule.

3. Put an asterisk next to words that indicate things you have.

> Hint: Review the 7-letter spelling rule on p. 57.
> Hint: Remember to keep soft stems soft.

костюм	_____	чемодан	_____
документ	_____	компьютер	_____
подарок	_____	карандаш	_____
словарь	_____	журнал	_____
дом (house)	_____	галстук	_____
газета	_____	юбка	_____
кассета	_____	книга	_____
туфля	_____	машина	_____
платье	_____	отчество	_____
пальто	_____	радио	_____
ботинок	_____	запись	_____

2. (2.3 personal pronouns) Replace the nouns with pronouns by filling in the blanks with **он, она, оно,** or **они.**

1. Где моя виза?   Вот _____.

2. Где ваш паспорт?   Вот _____.

3. Где его чемодан?   Вот _____.

4. Где наши документы?   Вот _____.

5. Где твой рюкзак?   Вот _____.

6. Где её платье?   Вот _____.

7. Где новый видеомагнитофон? Вот _____.

8. Где Московский университет? Вот _____.

9. Где Марина?   Вот _____.

10. Где Маша и Юрий?   Вот _____.

3. **(2.2 and 2.4 plurals)** Make the following phrases plural. Circle each ending that involves the 7-letter spelling rule.

1. мой костюм

   _____

2. твой галстук

   _____

3. твоя рубашка

   _____

4. моё платье

   _____

5. наша книга

   _____

6. твой пиджак

   _____

7. ваш словарь

   _____

8. мой подарок

   _____

9. ваша декларация

   _____

10. мой свитер

    _____

11. твоя тетрадь

    _____

12. её карандаш

    _____

13. их компакт-диск

    _____

14. его письмо

    _____

4. (2.4 possessive pronouns) Fill in the blanks with the correct form of the indicated word.

1. — Это (*his*) _____ книга или (*her*) _____ книга?

   — Это (*my*) _____ книга.

2. — Это (*her*) _____ чемодан?

   — Нет, (*theirs*) _____.

3. — Где (*your*) _____ словарь?

   — (*My*) _____ словарь здесь.

4. — Чьи это чемоданы?

   — Это (*our*) _____ чемоданы.

5. — Где (*my*) _____ документы?

   — Я не знаю, где (*your*) _____ документы.

6. — Чья это одежда?

   — Это (*our*) _____ одежда.

5. (2.4 чей) Write questions about the underlined words. Follow the model.

Это <u>моя</u> машина. ➡ Чья это машина?

1. Это <u>твой</u> костюм. _____

2. Это <u>ваша</u> кассета. _____

3. Это <u>его</u> радио. _____

4. Это <u>их</u> документы. _____

5. Это <u>моя</u> куртка. _____

6. Это <u>наш</u> дом. _____

7. Это <u>мои</u> брюки. _____

8. Это <u>наш</u> словарь. _____

9. Это <u>ваш</u> компьютер. _____

10. Это <u>её</u> пальто. _____

11. Это <u>твоя</u> одежда. _____

6. (**2.2 and 2.5 plurals**) Make the following phrases plural. Circle each ending that involves the 7-letter spelling rule.

1. американская студентка _____

2. плохая книга _____

3. хороший университет _____

4. англо-русский словарь _____

5. новый фильм _____

6. синее платье _____

7. большая машина _____

8. русская фамилия _____

9. интересный журнал _____

10. большой чемодан _____

11. старая тетрадь _____

12. синий карандаш _____

7. (**2.2, 2.4, 2.5 plurals**) Make the following phrases plural. Circle each ending that is affected by the 7-letter spelling rule.

1. мой новый фотоаппарат _____

2. твоя интересная книга _____

3. его большая машина _____

4. её красивое платье _____

5. наш старый документ _____

6. ваш хороший кассетник _____

7. их русский журнал _____

8. твоя синяя блузка _____

9. его американская кассета _____

10. ваш большой рюкзак _____

8. (2.5 adjectives—personalized) Begin an inventory of your personal belongings in Russian by listing 10 things you own. Put an adjective with each noun. Do not use numbers.

_____   _____

_____   _____

_____   _____

_____   _____

_____   _____

9. (2.5 adjectives and nouns) The speakers were at a big party and their voices were drowned out by the noise. Help restore the transcripts of their conversations by completing the sentences with the most logical nouns.

1. — Дженнифер, у тебя «Кодак», да? Это хороший _____?

   — Очень хороший. Смотри, какая хорошая _____.

2. — Боря, у тебя «Шарп»? Это новый _____?

   — Да, новый. А вот новые американские _____.

3. — Мэри, у тебя есть англо-русский _____?

   — Нет. Есть только русско-английский.

4. — Коля! Что это у тебя? «Делл»? Это хороший _____?

   — Очень хороший.

10. **(2.6 какой)** Write questions about the underlined words. Follow the model.

Это новая машина. ➡ Какая это машина?

1. Это <u>американский</u> телевизор.

   _____

2. Это <u>большой</u> компьютер.

   _____

3. Это <u>русская</u> книга.

   _____

4. Это <u>красивое</u> платье.

   _____

5. Это <u>американские</u> студенты.

   _____

6. Это <u>новые</u> джинсы.

   _____

7. Это <u>Московский</u> университет.

   _____

8. Это <u>американская</u> фамилия.

   _____

9. Это <u>русское</u> имя.

   _____

10. Это <u>хорошее</u> письмо.

    _____

11. (2.4 and 2.6 чей, какой, что) Fill in the blanks with the appropriate question word in the correct form.

1. What book is this? _____ это книга?

2. Whose book is that? _____ это книга?

3. What cassettes do you have? _____ у вас кассеты?

4. Whose cassettes do you have? _____ у вас кассеты?

5. What do you have there? _____ тут у вас?

6. What is that? _____ это?

7. What documents are those? _____ это документы?

8. Whose documents are those? _____ это документы?

12. (2.4 and 2.6 чей, какой, что) Translate into Russian.

1. "What is this?" "This is a magazine."

_____

2. "What magazine is this?" "This is a Russian magazine."

_____

3. "What do you have there?" "This is my old printer."

_____

4. "Whose clothes are those?" "Those are our clothes."

_____

5. "What cassettes do you have?" "New American cassettes."

_____

6. "Whose pen is this?" "This is your pen."

_____

13. (**2.7 plurals, this/these**) Make the following phrases plural. Circle each ending that is affected by the 7-letter spelling rule.

1. этот большой чемодан   _____

2. эта новая книга   _____

3. это старое пальто   _____

4. этот хороший карандаш   _____

5. это красивое платье   _____

14. (**2.7 this is/these are vs. this/these**) Translate into Russian.

1. This is a city. This city is big.

   _____

2. This is a skirt. This skirt is (dark) blue.

   _____

3. Is this a new coat? Is this coat new?

   _____

4. Is this an old newspaper? Is this newspaper old?

   _____

5. These are beautiful shoes. These shoes are beautiful.

   _____

6. These are Russian magazines. These magazines are Russian.

   _____

7. Are these American computers? Are these computers American?

   _____

15. (**12.8 indicating having**) Write five questions you might ask to find out what electronic equipment a visiting Russian owns.

1. _____

2. _____

3. _____

4. _____

5. _____

16. (Pulling it together—personalized) Answer five of the following questions truthfully, but keeping within the confines of the Russian you know.

1. У вас есть компьютер? Какой?

2. У вас есть машина? Какая?

3. Ваше радио новое?

4. У вас есть кассетник?
   Он новый? Он хороший?

5. Какие у вас книги?

6. У вас есть словарь? Какой?

7. Ваш чемодан большой?

8. Ваш университет маленький?

9. Ваши курсы интересные?

_____

_____

_____

_____

_____

17. (Pulling it all together) Fill in the blanks.

— Так. Значит, это [your] _____ [suitcase] _____?

— Да, [mine] _____.

— А [the big] _____ [suitcases] _____? [Are they]

_____ тоже [yours] _____?

— Нет. Только [the small] _____ [suitcase] _____

[is mine] _____.

— [Do you have] _____ [a tape recorder] _____?

— Да, [here it is] _____.

Какие языки вы знаете?

Числительные

You already know numbers 1–49. You will now learn to recognize numbers 51–199. Listen to the audio and look at the script below. Pay attention to the effects of vowel reduction, as indicated in the right-hand column of the first box.

51	пять + деся́т + один	pronounced **пидися́т ади́н**
60	шесть + деся́т	pronounced **шы́здися́т**
70	се́мь + десят	pronounced **се́мдисит**
80	во́семь + десят	pronounced **во́симдисит**
90	девяно́сто	pronounced **дивино́ста**
100	сто	pronounced as spelled

51	пятьдеся́т один	10	де́сять
52	пятьдеся́т два	20	два́дцать
53	пятьдеся́т три	30	три́дцать
54	пятьдеся́т четы́ре	40	со́рок
55	пятьдеся́т пять	50	пятьдеся́т
56	пятьдеся́т шесть	60	шестьдеся́т
57	пятьдеся́т семь	70	се́мьдесят
58	пятьдеся́т во́семь	80	во́семьдесят
59	пятьдеся́т де́вять	90	девяно́сто
60	шестьдеся́т	100	сто
128	сто двадцать восемь	155	сто пятьдеся́т пять

A. Адресá. Listen to the addresses read on the audio. Then mark them down on the map below. The two examples are marked for you:

Образцы:

1. Ди́ктор: у́лица Грибое́дова, дом 94, кварти́ра 155

2. Ди́ктор: Больша́я Вороши́ловская у́лица, дом 58, кварти́ра 174.

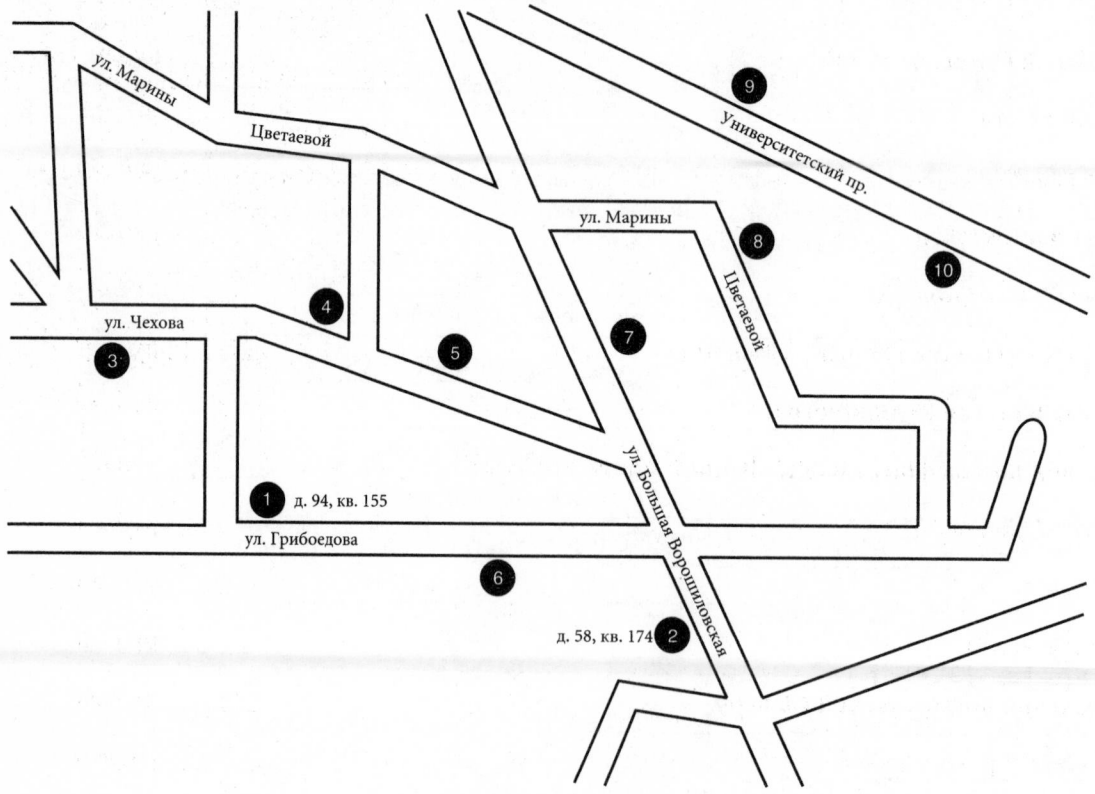

Имя и фамилия: _____ Число: _____

Б. Цены. Jot down the prices of these items.

1. Батаре́йка _____ рублей
2. Хот-до́г _____ рублей
3. Ча́шка ко́фе _____ рублей
4. Ру́чка _____ рублей
5. Журна́л «Но́вые перспекти́вы» _____ рубля
6. Напи́ток «Кока-ко́ла» _____ рублей
7. Туале́тная бума́га (1 рулон) _____ рубля
8. Аудиокассе́та _____ рублей
9. Видеокассе́та _____ рублей
10. Биле́т в кинотеа́тр _____ рублей
11. Зубна́я па́ста «Ко́лгейт» _____ рубля
12. Компью́терная програ́мма «Лексико́н» _____ рублей
13. Прое́зд на такси́ (3 киломе́тра) _____ рублей
14. Разгово́р по телефо́ну Москва́–Вашингто́н (2 минуты) _____ рубля
15. Газе́та «Армия» _____ рублей
16. Масса́ж _____ рублей
17. Компа́кт-ди́ск _____ рублей
18. Ма́ленький а́нгло-ру́сский слова́рь _____ рублей
19. Калькуля́тор _____ рублей
20. Коро́бка карандаше́й _____ рублей

Фонетика и интонация

Yes–No questions

 Intonation contour 3 (IC-3)

Think of how you would ask the following questions in English.

Is that your book? (*a book?*)   Is that your book? (*yours?*)

You can imagine that your intonation rises steadily on the word in question.

In Russian yes-no questions, the intonation also rises on the word in question, but it rises sharply (one full musical octave!) and then falls abruptly. This intonation contour is called IC-3.

Это ва́ша кни́га?   Это ва́ша кни́га?

Remember that in Russian questions with question words, the question word in pronounced with a falling intonation (IC-2), whereas in yes-no questions, the intonation rises sharply on the word that is being questioned and then falls abruptly.

Чья э́то кни́га?

A. Listen to the questions below. Determine whether you hear IC-2 or IC-3. When you hear an IC-3 intonation, underline the word(s) emphasized.

1. (IC-_____)   Где ва́ша ви́за?

2. (IC-_____)   У вас есть ви́за?

3. (IC-_____)   Чей э́то чемода́н?

4. (IC-_____)   Это ваш чемода́н?

5. (IC-_____)   Фотоаппара́т есть?

6. (IC-_____)   Что э́то?

7. (IC-_____)   Како́й?

8. (IC-_____)   Каки́е у вас кассе́ты?

9. (IC-_____)   Что в чемода́не?

10. (IC-_____)   Но́вая кассе́та есть?

Б. Now repeat the preceding questions on the audio, imitating the intonation as closely as you can.

В. Review the rules for pronouncing unstressed **я** and **е**. Listen to the audio and imitate the pronunciation of these words as closely as you can.

unstressed **я** ➡ [ı]	unstressed **е** ➡ [ı]

францу́зский язы́к   неме́цкий язы́к

каки́е языки́   непло́хо

по-япо́нски   немно́го

                       ме́дленно

⦿ Устные упражнения

Oral Drill 1 (3.2 знать) Practice conjugating the verb **знать** by saying that the people listed know a little Russian.

> Мы немно́го зна́ем ру́сский язы́к.
>
> он ➡️ Он немно́го зна́ет ру́сский язы́к.

я, вы, ты, мы, она́, они́, Джон, америка́нцы, Кристи́на

Oral Drill 2 (3.2 чита́ть) Practice conjugating this verb by saying that the people listed read Chinese.

> Мой друг чита́ет по-кита́йски.
>
> Ка́тя ➡️ Ка́тя чита́ет по-кита́йски.

па́па, мы, я, друзья́ (*friends*), студе́нт, ты, он, вы, Ле́на

Oral Drill 3 (3.2 понима́ть) Practice conjugating the verb **понима́ть** by saying that the people listed understand Russian.

> Мы понима́ем по-ру́сски.
>
> он ➡️ Он понима́ет по-ру́сски.

ма́ма, я, мы, мои́ роди́тели, э́ти студе́нты, ты, она́, вы, э́тот бизнесме́н

Oral Drill 4 (3.2 изуча́ть) Practice conjugating the verb **изуча́ть** by saying that the people listed study French.

> Вы изуча́ете францу́зский язы́к.
>
> Бори́с ➡️ Бори́с изуча́ет францу́зский язы́к.

ты, они́, Анна, мы, я, вы, Ви́ктор, ру́сские

Oral Drill 5 (3.2 жить) Practice conjugating the verb **жить** by saying that the people listed live in Moscow.

> Кто живёт в Москве́?
> Я ➡️ Я живу́ в Москве́.

Ле́на, её роди́тели, ты, на́ши друзья́, их семья́ (*family*), он, мы, вы, я

Oral Drill 6 (3.2 писа́ть) Practice conjugating the verb **писа́ть** by asking if the people listed write Russian.

> Кто пи́шет по-ру́сски?
> Вы ➡️ Вы пи́шете по-ру́сски?

ва́ша сестра́, Данье́л, ты, америка́нские студе́нты, вы, он, они́, она́, Джим Бра́ун, Джим и Ли́нда

Oral Drill 7 (3.3 говори́ть) Practice conjugating the verb **говори́ть** by asking if the people listed speak Russian.

> Кто говори́т по-ру́сски?
> Вы ➡️ Вы говори́те по-ру́сски?

ва́ша сестра́ (*sister*), я, ты, америка́нские студе́нты, вы, он, они́, мы, она́, Джоа́нна и Том

Oral Drill 8 (3.3 and 3.5 говори́ть + adverbs) Tell how well the people listed speak Russian.

> Я — хорошо́ ➡️ Я хорошо́ говорю́ по-ру́сски.

Ке́лли — пло́хо

ты — неплохо́

я — дово́льно хорошо́

мы — немно́жко

Ли — ме́дленно

Фред — свобо́дно

вы — о́чень хорошо́

бизнесме́ны — бы́стро

Oral Drill 9 (3.4 past tense) Say that the people in question did the action mentioned.

Он живёт в Москве́. ➝ Он жил в Москве́.

Мы живём в общежи́тии.

Он зна́ет ру́сский язы́к.

Они́ чита́ют хорошо́.

Вы пи́шете по-испа́нски.

Я по́нимаю по-ру́сски.

Она́ у́чится в шко́ле.

Ты изуча́ешь ру́сский язы́к.

Они́ говоря́т по-ру́сски.

Студе́нты у́чатся здесь.

Све́та изуча́ет испа́нский язы́к.

Ро́берт у́чится хорошо́.

Oral Drill 10 (3.4 past tense) Answer the questions about what you do or did. If the cue is **сейча́с,** answer that you are doing the action now. If there is no cue, answer that you did it.

Вы. . .

знáете ру́сский язы́к? (сейча́с)

говори́те по-испа́нски?

пи́шете по-англи́йски? (сейча́с)

чита́ете бы́стро по-неме́цки?

понима́ете по-япо́нски? (сейча́с)

живёте в Колора́до?

у́читесь в университе́те? (сейча́с)

изуча́ете языки́?

Oral Drill 11 (3.6 говори́ть + по-...ски) Ask who speaks these languages.

> Кто говори́т по-англи́йски?
> по-ру́сски ➡ Кто говори́т по-ру́сски?

по-францу́зски, по-италья́нски, по-испа́нски, по-неме́цки, по-кита́йски, по-япо́нски, по-ара́бски

Oral Drill 12 (3.6 знать ...-ский язы́к) Anya is multilingual. Answer *yes* to the following questions.

> Аня зна́ет ру́сский язы́к? ➡ Да, она́ зна́ет ру́сский язы́к.

Аня зна́ет испа́нский язы́к?

Аня зна́ет италья́нский язы́к?

Аня зна́ет ара́бский язы́к?

Аня зна́ет япо́нский язы́к?

Аня зна́ет неме́цкий язы́к?

Аня зна́ет кита́йский язы́к?

Oral Drill 13 (3.6 языки́) Practice the form of languages used after the various verbs.

> изуча́ю ➡ Я изуча́ю ру́сский язы́к.
> говорю́ ➡ Я говорю́ по-ру́сски.

зна́ю, чита́ю, понима́ю, пишу́, говорю́, изуча́ю

Oral Drill 14 (3.6 языки́) Practice asking questions to find out what languages someone knows.

> говори́ть ➡ На каки́х языка́х вы говори́те?

понима́ть, изуча́ть, говори́ть, чита́ть, знать, писа́ть

Oral Drill 15 (3.6 языки́) Answer the questions, supplying the correct forms of the words in parentheses.

> — Павел чита́ет по-испа́нски? (писа́ть — испа́нский)
> — Нет, он пи́шет по-испа́нски.

Лена пи́шет по-англи́йски? (говори́ть — англи́йский)

Серге́й понима́ет по-неме́цки? (знать — францу́зский)

Ро́берт зна́ет ру́сский язы́к? (изуча́ть — украи́нский)

Вы хорошо́ чита́ете по-кита́йски? (немно́го знать — япо́нский)

Та́ня свобо́дно говори́т по-италья́нски? (изуча́ть — испа́нский)

Ба́рбара изуча́ет болга́рский язы́к? (непло́хо понима́ть — че́шский)

Роди́тели говоря́т по-ру́сски? (чита́ть — по́льский)

Oral Drill 16 (3.7 национа́льность) Guess the following people's nationalities based on where they live.

> Алёша живёт в Росси́и. ⟶ Зна́чит, он ру́сский?
> Джа́нет и Пи́тер живу́т в Англии. ⟶ Зна́чит, они англича́не?

Ха́нна живёт в Аме́рике.

На́дя и Вале́ра живу́т в Росси́и.

Джон живёт в Кана́де.

Мы живём на Украи́не.

Мари́я живёт в Испа́нии.

Лю́си и Жан живу́т во Фра́нции.

Джейн живёт в Англии.

Ник живёт в Аме́рике.

Карине́ живёт в Арме́нии.

Вади́к и Оля живу́т в Росси́и.

Oral Drill 17 (3.8 в + prepositional case) Tell where the following people live.

> Пе́тя — Москва́ ➡ Пе́тя живёт в Москве́.

Же́ня — Москва́

Со́ня — Тбили́си

Жан — Фра́нция

Илья́ — Санкт-Петербу́рг

Де́йвид — Нью-Йо́рк

Са́ша — Росси́я

Ке́вин — Но́вая Англия

Oral Drill 18 (3.8 в + prepositional case) Ask who lives in the following places.

> большо́е общежи́тие ➡ Кто живёт в большо́м общежи́тии?

но́вый дом, но́вая кварти́ра, больши́е дома́, больша́я кварти́ра, хоро́шее общежи́тие, ста́рый дом, ста́рые общежи́тия, хоро́шие кварти́ры, краси́вый го́род, большо́й штат

Oral Drill 19 (3.8 в + prepositional case) In order to practice the prepositional case, claim to be students at all the following places.

> но́вая шко́ла ➡ Мы у́чимся в но́вой шко́ле.

хоро́шая шко́ла, большо́й университе́т, но́вые университе́ты, ма́ленькая шко́ла, ста́рый университе́т, больши́е шко́лы

Oral Drill 20 (3.9 о + prepositional case and prepositional plural) Say you are speaking about the person mentioned in the prompt.

> э́тот бизнесмен ➡ Я говорю́ об э́том бизнесме́не.

э́тот ру́сский профе́ссор, наш дом, твой оте́ц, э́та студе́нтка, америка́нец, ваш го́род, францу́з, её оте́ц, его́ журна́л, их газе́ты, моя́ кварти́ра, на́ша семья́, э́ти студе́нты, ру́сские преподава́тели, но́вые музе́и, э́ти америка́нские бизнесме́ны, интере́сные кни́ги, ста́рые словари́, но́вые слова́

Письменные упражнения

1. (3.2 знать) Write in the needed form of the verb **знать.**

1. — Миша и Маша _____ французский язык?

   — Миша _____ французский язык, а Маша _____ немецкий.

2. — Кто _____ русский язык?

   — Я его _____.

3. — Анна Петровна, вы _____ английский язык?

4. Мы не _____ китайский язык, но Боря его _____.

5. Ты _____ японский язык?

2. (3.2 читать) Write in the correct form of the verb **читать.**

1. — На каких языках _____ Андрей?

   — Он _____ по-русски и по-итальянски.

2. — Ты _____ по-русски?

   — Да, _____.

3. — Кто _____ по-испански?

   — Мы _____ по-испански.

4. — Вы _____ по-французски?

   — Нет, но родители _____ по-французски.

3. (3.2 жить and review of prepositional of nouns) Write sentences telling where the following people live. Follow the model. The question marks in the last two items invite you to personalize the sentences by filling in words that are true for you.

Маша — Москва   ➡   Маша живёт в Москве.

Вадим — Киев   _____

Лора — Молдова   _____

Хуан и Мария — Испания _____

Мы — Америка   _____

Вы — Франция   _____

Ты — Флорида   _____

она — Нью-Йорк   _____

Томас — Филадельфия   _____

родители — ?   _____

Я — ?   _____

4. (3.2 писать) Write sentences telling who writes in what language. Follow the model.

Masha — Ukrainian   ➡   Маша пишет по-украински.

parents — English   _____

businessperson — Russian _____

you — French   _____

we — German   _____

Vera — Spanish   _____

I — ?   _____

5. (3.2 first-conjugation verbs) Fill in the blanks with the correct form of the verb.

жить — знать — изучать — понимать — читать

1. — Какие языки вы [know] _____?

   — Я [read] _____ по-немецки и по-английски, но плохо

   [understand] _____.

   — А родители [know] _____ немецкий?

   — Нет, они его не [know] _____. Мама немного [understands]

   _____ по-французски.

2. — Какие языки вы [understand] _____?

   — Я [understand] _____ по-русски и по-испански. Я их

   [study] _____ в университете.

3. Мэри [lives] _____ во Франции, но она плохо [knows] _____

   французский язык. Она довольно хорошо [understands] _____, но

   плохо [reads] _____.

4. — Ваши родители [live] _____ в Испании? Значит, они [know]

   _____ испанский язык?

   — Они очень хорошо [understand] _____ по-испански.

6. (3.3 second-conjugation verb) Supply the correct forms of the verb **говорить.**

1. — Вы _____ по-русски?

   — Да, _____.

2. Ты _____ по-немецки?

3. Дома мы _____ по-английски.

4. Русский президент не _____ по-английски.

5. Американский президент не _____ по-русски.

6. Я немножко _____ по-украински.

7. Наши родители _____ по-французски.

7. (3.4 past tense) Fill in the blanks with the appropriate forms of the verbs in the past tense.

1. Вера [жить] _____ в Латвии.

2. Родители [учиться] _____ в Бостоне.

3. Студенты медленно [говорить] _____ по-русски.

4. Что ты [изучать] _____ в школе?

5. Джон плохо [понимать] _____ по-французски.

6. Мэри быстро [писать] _____ по-немецки.

7. Вы хорошо [читать] _____ по-английски?

8. Я [учиться] _____ в России и в Америке.

8. (3.6 языки) Advanced students doing research or language training in Russia are called **стажёры.** In the following paragraphs about two American **стажёры** and one of their teachers, fill in the blanks with **по-русски** or **русский язык** as appropriate.

Американские стажёры хорошо знают _____. Они изучают

_____ в Америке и в России. Джим Браун свободно говорит

_____. Он говорит _____ в общежитии. Он хорошо

знает _____. Линда Дейвис тоже хорошо говорит _____.

Она свободно читает и пишет _____.

   Анна Петровна преподаёт (teaches) русский язык в институте . Она читает

лекции _____.

9. (3.6 языки — personalized) Refer to the partial list of languages that are more or less commonly taught in the United States on page 70 of the textbook. Check languages that are relevant to you and write ten sentences describing what you can do in these languages and how well. The verbs and adverbs below will help.

Verbs	Adverbs
говорить	свободно — очень хорошо — хорошо
понимать	неплохо
читать	плохо
писать	немного — немножко
знать	медленно
	быстро

1. _____

2. _____

3. _____

4. _____

5. _____

6. _____

7. _____

8. _____

9. _____

10. _____

10. (3.2–3.6) Translate into Russian.

1. What languages do you know?

    _____

2. Who writes French?

    _____

3. We do not understand Arabic.

    _____

4. Tamara speaks a little English.

    _____

5. The students read and write Chinese pretty well.

    _____

6. I study Russian and Ukrainian.

    _____

7. Do they speak Italian?

    _____

8. Jim understands German very well.

    _____

11. (3.7 национальность) Fill in the blanks with the appropriate word.

1. Джон американец. Его мама тоже _____

2. Мария испанка. Её родители тоже _____

3. Дима и Ваня русские. Их папа тоже _____

4. Жан француз. Его мама тоже _____

5. Кэтлин англичанка. Её родители тоже _____

6. Дейвид канадец. Его родители тоже _____

7. Мин-Ли китаянка. Её папа тоже _____

8. Оксана украинка. Её папа тоже _____

9. Моя мама _____

10. Я _____

12. (3.8 prepositional case) Underline all the words in the prepositional case.

Маша и её родители русские. Они живут <u>в Москве в большой хорошей квартире</u>.

1. Мария мексиканка. Её родители тоже мексиканцы. Они живут в Мексике.

2. В университете Марк и Джон говорят по-русски, но дома они говорят по-английски.

3. Я учусь в хорошем университете в штате Нью-Йорк.

4. Студенты в этом университете живут в больших общежитиях.

5. Они говорят о России и о русских городах.

13. (3.8 prepositional case) Tell where the following people live, following the model. Circle each of the adjective endings that is affected by the 5-letter spelling rule and/or 7-letter spelling rule.

> Катя — новый дом   ➡   Катя живёт в новом доме.

1. Анна — большое общежитие

_____

2. Соня — хороший дом

_____

3. Михаил — большой дом

_____

4. Студенты — маленькие общежития

_____

5. Дима — новая квартира

_____

6. Лена и Наташа — старые дома

_____

7. Хью — Новая Англия

_____

8. Сэм — хорошая квартира

_____

9. Сергей и Виктор — большие квартиры

_____

10. Я — ?

_____

14. (**3.8 prepositional case**) Answer the questions using the words given in parentheses.

> — В каком городе вы живёте? (маленький город)
> — Я живу в маленьком городе.

1. В каком городе ты жил? (старый русский город)

_____

2. В каких школах они учатся? (хорошие школы)

_____

3. В какой квартире живут Света и Игорь? (новая квартира)

_____

4. В каком университете вы учились? (хороший, большой университет)

_____

5. В каких домах живут эти бизнесмены? (красивые дома)

_____

6. В каком колледже они учатся? (маленький колледж)

_____

15. (**3.9 o vs. об**) Fill in the correct form of **o** or **об**.

1. _____ нашем новом преподавателе   4. _____ его семье

2. _____ этой хорошей студентке   5. _____ их уроке

3. _____ интересной газете   6. _____ её школе

16. (**3.8–3.9 prepositional case**) Fill in the blanks with the words given.

— Маша! Я ничего не знаю о [твои родители] _____.

Где они живут? Кто они по профессии?

— Папа — преподаватель в [институт] _____.

Мама — секретарь в [Гуманитарный университет] _____

_____.

— Я ничего не знаю [о/об] ____ [этот университет] _____.

— Это большой университет в [Москва] _____.

17. (Pulling it all together) Fill in the blanks with correct forms of the indicated words.

Здравствуйте! Меня зовут Андрей. [*I live*] _____ в [*большой город*]

_____, который называется Харьков. Мама у меня [*Russian*]

_____, а папа [*Ukrainian*] _____. Дома мы [*speak*]

_____ [*Russian*] _____. Папа у меня настоящий

полиглот. Он хорошо [*knows*] _____ [*Russian*] _____,

[*Ukrainian*] _____ и [*English*] _____ [*languages*]

_____, неплохо [*reads*] _____ и [*writes*]

_____ [*French*] _____ и [*Spanish*]

_____.

Я [*study*] _____ [*English*] _____

[*at the university*] _____. Пока еще [*(I) speak*] _____

[*badly*] _____ и [*understand*] _____, только когда

[*(they) speak*] _____ [*slowly*] _____. Но у меня сейчас

новый друг, [*an American*] _____, и мы говорим только [*English*]

_____.

18. (Pulling it all together) Translate into Russian.

What do you know about my parents? My parents live in a small town in Florida. I went to high school there. Now I live in Washington and go to a big university. I study German and Russian. I read and write a little Russian and I speak Russian slowly. I know German very well. In German newspapers I've read about politics* in Russia and the U.S.

My parents lived in New York and went to universities there. They understand French pretty well, and my father speaks Spanish fluently.

*politics — **поли́тика**

_____

_____

_____

_____

_____

_____

Университет

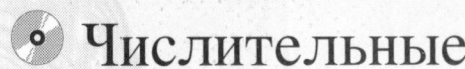 **Числительные**

A. Numbers 100–1000. Listen to the recording. Note the effect of reduction on what you hear.

100	сто	600	шестьсо́т
200	две́сти	700	семьсо́т
300	три́ста	800	восемьсо́т
400	четы́реста	900	девятьсо́т
500	пятьсо́т	1000	ты́сяча

Б. Now write down the hundreds numbers.

а.

_____

_____

_____

_____

_____

_____

б.

_____

_____

_____

_____

_____

_____

B. Phone numbers in large cities have seven digits as in North America. However, most Russians read phone numbers not individually, but in groups of hundreds, tens, and tens, e.g., two hundred forty-three, fifty-six, seventeen. Jot down the following phone numbers.

Дима _____ - ___ - ___   Соня _____ - ___ - ___   Аня _____ - ___ - ___

Катя _____ - ___ - ___   Коля _____ - ___ - ___   Ира _____ - ___ - ___

Таня _____ - ___ - ___   Саша _____ - ___ - ___   Даша _____ - ___ - ___

Ваня _____ - ___ - ___   Боря _____ - ___ - ___   Миша _____ - ___ - ___

Фонетика и интонация

Review of units 1–3

A. Listen to the sentences on the audio and identify the type of intonation you hear. Place a period or a question mark at the end of the sentence.

1. (IC-____)   Вы но́вый стажёр

2. (IC-____)   Како́й язы́к вы изуча́ете

3. (IC-____)   Вы хорошо́ говори́те по-ру́сски

4. (IC-____)   Вы чита́ете по-англи́йски

5. (IC-____)   Кака́я у вас специа́льность

6. (IC-____)   Где вы живёте

7. (IC-____)   Вы понима́ете по-ру́сски

8. (IC-____)   Джим у́чится на факульте́те ру́сского языка́

9. (IC-____)   Как вы сказа́ли

10. (IC-____)   Я учу́сь на второ́м ку́рсе

Б. Repeat the sentences on the audio, imitating the intonation as closely as you can.

1. Вы у́читесь в университе́те?

2. *Да, я учу́сь на второ́м ку́рсе.*

3. Что вы изуча́ете?

4. *Я изуча́ю ру́сский язы́к.*

5. Ва́ша специа́льность — ру́сский язы́к?

6. *Нет, моя́ специа́льность — ру́сская исто́рия.*

7. Вы хорошо́ говори́те по-ру́сски.

8. *Нет, я ду́маю, что я говорю́ пло́хо.*

9. Вы чита́ете по-ру́сски?

10. *Да, чита́ю.*

11. Каки́е ещё языки́ вы зна́ете?

12. *Я зна́ю францу́зский и испа́нский языки́.*

13. Где вы живёте?

14. *Я живу́ в общежи́тии.*

В. Review the rules for pronouncing unstressed **o** and **e**. Listen to the audio and imitate the pronunciation of these words as closely as you can. Add other words you know to the list and practice their pronunciation.

unstressed **o** ➡ [a] or [ə]	unstressed **e** ➡ [ɪ]

1. профе́ссор

2. поли́тика

3. понима́ю

4. биоло́гия

5. филосо́фия

6. говорю́

7. неме́цкий

8. сейча́с

9. матема́тика

10. литерату́ра

11. телефо́н

12. преподава́тель

Г. In the words below, **ь** indicates the softness (palatalization) of the preceding **л.** Recall that palatalization means pronouncing a consonant with the middle portion of the tongue raised toward the palate. Imitate the pronunciation of **ль** in these familiar words as closely as you can.

1. специа́льность

2. фильм

3. то́лько

4. факульте́т

5. автомоби́ль

6. преподава́тель

Устные упражнения

Oral Drill 1 (4.1 учи́ться) Say that the following people study at the university.

| Ва́ня | ➡ | Ва́ня у́чится в университе́те. |
| я | ➡ | Я учу́сь в университе́те. |

мы, ты, я, Анна, на́ши сосе́ди, вы, Ко́стя, они́

Oral Drill 2 (4.1 учи́ться, рабо́тать) Ask whether the following people go to school or work.

| вы | ➡ | Вы у́читесь и́ли рабо́таете? |
| Евге́ний | ➡ | Евге́ний у́чится или рабо́тает? |

ты, э́та америка́нка, Лю́да и Ольга, вы, Джим, наш сосе́д

Oral Drill 3 (4.2–4.3 учи́ться на како́м ку́рсе) Tell what class these college students are in.

> На како́м ку́рсе у́чится Аня? — пе́рвый ➡ Она́ у́чится на пе́рвом ку́рсе.

Пе́тя — второ́й

Ната́ша — тре́тий

Дми́трий — четвёртый

Со́ня — пя́тый

Кири́лл — аспиранту́ра

вы — ?

Oral Drill 4 (4.2 prepositional case plus на, vocabulary review) Tell in what department the following instructors work.

> Мари́я Ива́новна — истори́ческий.
> Мари́я Ива́новна работает на истори́ческом факульте́те.

Макси́м Дми́триевич — экономи́ческий

Алла Васи́льевна — юриди́ческий

Мари́на Ива́новна — медици́нский

Кири́лл Петро́вич — филологи́ческий

Анна Ефи́мовна — математи́ческий

Oral Drill 5 (4.2 prepositional case plus на, vocabulary review) Remember, Russian students enroll in a particular department.

> — Марк и Вади́м у́чатся на истори́ческом факульте́те?
> — Да, их специа́льность — исто́рия.

Ка́тя и Стёпа у́чатся на медици́нском факульте́те?

Са́ша и Алёша у́чатся на филологи́ческом факульте́те?

Ди́ма и Ге́на у́чатся на экономи́ческом факульте́те?

Кири́лл и Со́ня у́чатся на юриди́ческом факульте́те?

Oral Drill 6 (4.3 занима́ться and review of prepositional case to tell где) Tell where the following people study (do their homework).

> Аня — библиоте́ка ➡ Аня занима́ется в библиоте́ке.

Пе́тя — общежи́тие

мы — аудито́рия

они́ — библиоте́ка

ты — дом

вы — университе́т

я — ?

Oral Drill 7 (4.3 изуча́ть что) Ask what subjects the following people are studying.

> Ива́н ➡ Что изуча́ет Ива́н?
> Вы ➡ Что вы изуча́ете?

ты, он, Та́ня, Джим, студе́нты, америка́нцы, стажёры, она́, они́, студе́нт

Oral Drill 8 (vocabulary, preparation for 4.4, studying a subject) Practice the names of subjects following the model.

> — Кака́я у вас специа́льность? / ру́сский язы́к
> — Моя́ специа́льность — ру́сский язы́к.

ру́сская литерату́ра

америка́нская исто́рия

францу́зский язы́к

междунаро́дные отноше́ния

политоло́гия

компью́терная те́хника

Oral Drill 9 (4.4 accusative case) Claim to be studying the following subjects.

история ➡	Я изуча́ю исто́рию.

матема́тика, филосо́фия, хи́мия, фи́зика, эконо́мика, медици́на, политоло́гия,
междунаро́дные отноше́ния, психоло́гия, юриспруде́нция

Oral Drill 10 (4.4 accusative case) Practice the accusative case and the names of subjects of study by claiming to know the following well.

исто́рия ➡	Я хорошо́ зна́ю исто́рию.
фи́зика ➡	Я хорошо́ зна́ю фи́зику.

эконо́мика, литерату́ра, матема́тика, хи́мия, грамма́тика, биоло́гия, америка́нская литерату́ра,
францу́зская исто́рия, антропо́логия, психоло́гия, геогра́фия, ру́сский язык

Oral Drill 11 (4.4 accusative case) Claim to read the following things.

— Что вы чита́ете? — но́вая кни́га ➡	— Я чита́ю но́вую кни́гу.

интере́сная газе́та, ста́рый журна́л, «Спу́тник», твоя́ кни́га, их журна́л, наш уче́бник,
«Аргуме́нты и фа́кты», «Росси́я», интере́сная кни́га

Oral Drill 12 (4.5 prepositional pronouns) Say that Sima talks about everybody.

— Си́ма говори́т о ма́ме? ➡	— Да, она́ говори́т о ней.
— Си́ма говори́т о вас? ➡	— Да, она́ говори́т обо мне.

Си́ма говори́т. . .
    об университе́те, о семье́, о письме́, об америка́нцах, о ле́кции, об отце́, о роди́телях,
    о вас, обо мне, о нас, о тебе́

Oral Drill 13 (4.6 conjunctions) Practice giving your opinion as in the model.

> Это интере́сный курс. ➡ Я ду́маю, что э́то интере́сный курс.

Это хоро́ший университе́т.

У меня́ интере́сная програ́мма.

Это тру́дный курс.

Наш преподава́тель хоро́ший.

Это но́вая кни́га.

Ру́сский язы́к о́чень краси́вый.

Oral Drill 14 (4.6 conjunctions) A teacher asks various people all sorts of questions. None of them answers! Follow the model.

> Преподава́тель спра́шивает Са́шу, где он живёт.
> Он не отвеча́ет, где он живёт.

Преподава́тель спра́шивает студе́нтку, как она́ пи́шет по-ру́сски.

Преподава́тель спра́шивает Ва́ню и Сеню, каки́е кни́ги они́ чита́ют.

Преподава́тель спра́шивает тебя́, где ты живёшь.

Преподава́тель спра́шивает вас, что вы говори́те.

Oral Drill 15 (4.7 то́же vs. та́кже) Use **то́же** and **та́кже** according to the model.

> — Я изуча́ю ру́сский язы́к. — А матема́тику? ➡ — Я та́кже изуча́ю матема́тику.
> — Я учу́сь в университе́те. — А Анна? ➡ — Она́ то́же у́чится в университе́те.

Я зна́ю англи́йский язы́к. — А ру́сский язы́к?

Я зна́ю ру́сский язы́к. — А сосе́дка?

Я учу́сь на второ́м ку́рсе. — А э́тот студе́нт?

Я люблю́ исто́рию. — А иностра́нные языки́?

Я рабо́таю в университе́те. — А отец?

Я занима́юсь в библиоте́ке. — А сосе́д?

Я занима́юсь в библиоте́ке. — А до́ма?

Я говорю́ по-испа́нски. — А по-англи́йски?

Письменные упражнения

1. (4.2 в vs. на) Fill in the blanks with the correct preposition.

Юра учится _____ втором курсе _____ институте _____ Киеве. Там он учится _____

филологическом факультете, _____ кафедре русского языка. Живёт он _____ общежитии.

2. (4.2 в vs. на) Fill in the blanks with the correct preposition if necessary.

1. _____ какой школе вы учились?

2. _____ каком университете вы учитесь?

3. _____ каком факультете вы учитесь?

4. Вы учитесь _____ четвёртом курсе или _____ аспирантуре?

5. Вы живёте _____ квартире или _____ общежитии?

6. Вы работаете _____ библиотеке или _____ дома?

3. **(4.2 в vs. на + prepositional case)** Fill in the blanks with needed prepositions and with adjectives and nouns in the prepositional case.

— Где вы учитесь?

— Здесь _____ или
in Russia

дома _____? Здесь
in America

_____ я учусь _____
in Moscow   in the university

_____.
in the economics department

Дома _____ я учился
in California

_____
in a small university

и изучал русский язык.

— А где вы живёте _____ ,
in Moscow

_____ ?
in an apartment

— Нет, _____.
in a large dorm

— А вы только учитесь?

— Нет, я также работаю _____.
in our museum

4. (4.1–4.3 учи́ться, занима́ться, изуча́ть) Compose sentences from the following elements, adding prepositions where necessary. Be sure to make the verbs agree with their subjects and the modifiers agree with the nouns they modify, and to put the objects of the prepositions **в** and **на** in the prepositional case.

> Саша/учиться/институт ➡ Саша учится в институте.

1. Ира/изучать/немецкий язык? _____

_____

2. Где/вы/учиться? _____

_____

3. Мы/учиться/большой/университет _____

_____

4. Я/учиться/исторический/факультет _____

_____

5. Майк и Дебби/учиться/Филадельфия _____

_____

6. Ты/заниматься/библиотека? _____

_____

7. Какой/курс/учиться/твой/соседи? _____

_____

8. Кто/учиться/аспирантура? _____

_____

5. (4.1–4.3 study verbs) Translate into Russian.

1. I went to an old university in California. _____

_____

2. Christina is a sophomore. _____

_____

3. This student takes Russian. _____

_____

4. Her parents work in the history department. _____

_____

5. My neighbor does homework in the library. _____

_____

6. We did not take French. _____

_____

7. Do you study or have a job? _____

_____

6. (4.1–4.3 personalized) Answer the following questions in complete sentences.

1. Как вас зовут? _____

2. Вы учитесь или работаете? _____

3. Где? _____

4. На каком курсе вы учитесь? _____

5. Какая у вас специальность? _____

6. Какие языки вы знаете? _____

7. Вы живёте в общежитии или в квартире? _____

8. А где живут ваши родители? _____

9. Где они учились? _____

7. Case review. Review the use and meaning of the three cases you know. In the following passage, indicate whether the italicized words are nominative (N), prepositional (P), or accusative (A).

Это *новый стажер* (   ). Его зовут *Джим Браун* (   ). *Джим* (   ) учится в *университете* (   ) имени Герцена в *Петербурге* (   ). *Он* (   ) живёт в *общежитии* (   ).

В *Америке* (   ) *Джим* (   ) учится на *третьем курсе* (   ). *Он* (   ) учится на *филологическом факультете* (   ). *Он* (   ) изучает *русский язык* (   ) и *литературу* (   ).

Джим (   ) читает *газеты* (   ) и *журналы* (   ) в *библиотеке* (   ). *Он* (   ) слушает *кассеты* (   ) в *лингафонном кабинете* (   ). У него очень *хорошая программа* (   ).

Его преподаватель (   ) — *Анна Петровна Костина* (   ). *Анна Петровна* (   ) хорошо знает *русскую грамматику* (   ). *Она* (   ) хорошо преподаёт* *русский язык* (   ). *Джим* (   ) читает *третий урок* (   ) в *учебнике* (   ). *Он* (   ) хорошо понимает *материал* (   ).

*преподаёт — *teaches*

8. (4.4 accusative case) Fill in the blanks with adjectives and nouns in the accusative case.

1. Президент читает _____.
   документы

2. Русские любят читать _____.
   поэзия

3. Американцы любят читать _____.
   техническая литература

4. Студенты читают _____ в библиотеке.
   новые учебники

5. _____ вы любите читать?
   Какие книги

6. _____ ты читаешь?
   Какая книга

7. Вы читаете _____ или _____?
   газета   журнал

8. Вы хорошо знаете _____?
   американская литература

9. _____ читает Маша?
   Какой журнал

10. Я читаю _____.
    интересная новая газета

9. (4.4 accusative case) Fill in the blanks with adjectives and nouns in the accusative case.

— Костя, ты читаешь _____?
     русские газеты

— Да, я читаю _____ и _____.
     «Народная правда»   «Московские новости»

Я также читаю _____.
     русские журналы

Я регулярно читаю _____ и _____.
     «Новый мир»   «Русский голос»

А _____ *ты* читаешь?
     Какие газеты

— Я читаю _____, потому что я люблю
     «Литературная газета»

_____.
     литература

10. (4.5 review of prepositional case) Create ten meaningful sentences. Do not change word order, but do make the verbs agree with their subjects and put correct case endings on all modifiers and nouns.

я мы американские студенты наш преподаватель профессора вы родители	(не)	говорить думать спрашивать писать знать	о об	политика наша семья новые курсы работа лекции этот университет

1. _____

2. _____

3. _____

4. _____

5. _____

6. _____

7. _____

8. _____

9. _____

10. _____

11. (4.5 pronouns in prepositional case) Answer the following questions, using pronouns.

Вы говорите о политике? ⟶ Да, мы говорим о ней.

1. Американские студенты говорят о фильмах?

   _____

2. Ирина знает об этом университете?

   _____

3. Ваши родители много спрашивают о ваших курсах?

   _____

4. Они спрашивают о курсе русского языка?

   _____

5. О чём вы говорите?

   _____

6. О ком вы говорите?

   _____

7. Кто о вас говорит?

   _____

12. (review of languages) Fill in the blanks with the correct form.

немецкий язык	французский язык	итальянский язык	английский язык
по-немецки	по-французски	по-итальянски	по-английски

— _____ вы знаете?
  What languages

— Я _____ , и _____ и
     speak French   read

_____ _____
     write   German

и _____ .
     English

— Вы _____ ?
     know English well

— Нет, моя специальность— _____ .
                              French

_____ я _____ _____ . А вы?
     French   know   well

— Я _____ _____ и
     study   French

_____ в университете, но_____
     Italian   speak

_____ только _____ .
     French   a little

13. (4.6 conjunctions) Fill in the blanks with conjunctions **что, где, как, какой/какие, потому что.**

1. Я ду́маю, _____ вы хорошо знаете русский язык.

2. Она не знает, _____ он изучал французский язык, в школе или в университете.

3. Он не понимал, _____ я говорил, _____ он плохо знал русский язык.

4. Ты спрашиваешь, _____ языки мы изучаем?

5. Они не говорят, _____ они читают по-испански, быстро или медленно.

14. (4.7 тоже vs. также) Complete the sentences according to the model.

| Сеня учится в университете. (работает) ➡ Он также работает. |

1. Студенты читают русские журналы. (мы)

   _____

2. Маша читает статьи о финансовых рынках. (я)

   _____

3. Наши друзья изучают биологию. (химию)

   _____

4. Американцы учатся в Москве. (в Санкт-Петербурге)

   _____

5. В Киеве говорят по-украински. (по-русски)

   _____

6. Миша живёт в Нью-Йорке. (Маша)

   _____

7. У меня сейчас экономика. (у тебя)

   _____

8. Китайский язык трудный (арабский язык)

   _____

15. (Pulling it all together) Combine the words in the columns below into ten complete, meaningful, and grammatically correct sentences. *Supply the needed prepositions.* You will not be able to use words from every column in every sentence, but try to write reasonably long sentences.

Subjects	Verbs	Direct Objects	Places
я	учиться	английский язык	университет
студенты	изучать	русская газета	филологический факультет
вы	читать	философия	институт
преподаватель	понимать	интересная книга	дом
американец	работать	экономика	общежитие
мы	знать	литература	лекция
			кафедра русского языка

_____

_____

_____

_____

_____

_____

_____

_____

Распорядок дня

Числительные

A. Listen to the audio and fill in the time in the sentences below.

1. Я встаю́ в _____.

2. Я за́втракаю в _____.

3. Я иду́ на уро́к в _____.

4. Ру́сская разгово́рная пра́ктика в _____.

5. Я обе́даю в _____.

6. Я иду́ в библиоте́ку в _____.

7. В суббо́ту я иду́ в кино́ в _____.

Б. Ско́лько сто́ит. . .? Напиши́те, ско́лько сто́ят э́ти ве́щи:

1. Прое́зд в авто́бусе, в тролле́йбусе   _____ рубле́й

2. Йо́гурт «Стронгма́нт» ту́тти-фру́тти   _____ рубле́й, _____ копе́ек

3. Ко́ка-Ко́ла, 0,33 л, ж/ба́нка   _____ рубле́й, _____ копе́ек

4. Майоне́з «Хе́лманс», 250 гр   _____ рубле́й, _____ копе́ек

5. Ко́фе, порошо́к, 100 гр.   _____ рубле́й, _____ копе́ек

6. Аудиокассе́та «Максе́лл» UD 90   _____ рубле́й, _____ копе́ек

7. Биле́т в кинотеа́тр   _____ рубле́й

8. Рома́н «Война́ и мир» Л. Толсто́го   _____ рубле́й

9. Биле́т в ночно́й клуб   _____ рубле́й

10. Компа́ктный диск _____ рубле́й

11. Цветно́й телеви́зор «Ви́тязь» 34 см _____ рубле́й

12. Туристи́ческая пое́здка в Пари́ж (8 дней) _____ рубле́й

13. Но́вый компью́тер «Делл», после́дняя моде́ль _____ рубле́й

14. Автомоби́ль «Ла́да» 21099 _____ рубле́й

15. Трёхко́мнатная кварти́ра _____ рубле́й

Фоне́тика и интона́ция

 Voiced and Voiceless Consonants

в з ж б г д	Vocal chords vibrate (*voiced*)
ф с ш п к т	Vocal chords are silent (*voiceless*)

1. Word-final devoicing. A voiced consonant at the end of a word is pronounced voiceless.

We write	*We say*
джа**з**	джа**с**
гара́**ж**	гара́**ш**

2. Voiced–voiceless assimilation. When voiced and voiceless consonants are adjacent to each other, the nature of the second consonant dictates the nature of the first.

We write	*We say*
В Ки́еве	**Ф К**и́еве
баске**тб**о́л	баске**дб**о́л

A. In the expressions below, indicate the actual sound you expect to hear for the underlined letters. Then listen to the expressions on the audio to see if you were correct.

> Образе́ц:
> **в** Ки́еве
> *ф*   You write   *ф*   because of assimilation.
> **из** Доне́цка
> *з*   You write   *з*   because you would expect no change.

1. — Оле́г! Что ты сейча́с де́лаешь? Мо́жет быть, пойдём вме́сте в магази́н?

   — Я не могу́. В пять часо́в у меня́ уро́к.

   — Но сего́дня четве́рг! А у тебя́ уро́к то́лько в сре́ду.

   — В сре́ду у меня́ англи́йская фоне́тика.

   — А когда́ ты идёшь домо́й?

   — В во́семь часо́в. Извини́, я до́лжен идти́.

2. — Извини́те, как вас зову́т?

   — Глеб.

   — Очень прия́тно, Глеб. Меня́ зову́т Ри́чард. Я ваш сосе́д.

   — Очень прия́тно. Вы живёте на э́том этаже́?

   — Да. Вот здесь, в пя́той ко́мнате.

Б. Repeat the expressions you hear on the audio until you are satisfied that you can pronounce them correctly.

Устные упражнения

Oral Drill 1 (5.1 telling time) Look at the pictures and give the time.

Образе́ц:

Сейча́с во́семь часо́в.

а. б. в. г.

д. е. ж.

Oral Drill 2 (5.1 telling time on the hour) Say that you have a lecture at the following times.

| — Когда́ у вас ле́кция? / 9 ➡ — У меня́ ле́кция в де́вять часо́в. |

8, 11, 12, 1, 2, 3

Oral Drill 3 (Times of the day) On the basis of the schedule below, answer the questions on the audio. Use **у́тром, днём, ве́чером,** or **но́чью** in your answer. The word being asked about comes at the end of the answer.

8.00	чита́ть газе́ту
8.15	идти́ в университе́т
9.00	францу́зский язы́к — фоне́тика
10.30	занима́ться в библиоте́ке
12.30	обе́дать
14.00	францу́зский язы́к — грамма́тика
16.00	аэро́бика
19.45	пойти́ в кино́
23.00	занима́ться до́ма

| — Когда́ вы чита́ете газе́ту? ➡ — Я чита́ю газе́ту у́тром. |

Когда́ вы идёте в университе́т?

Когда́ у вас грамма́тика?

Когда́ вы идёте в кино́?

Когда́ вы занима́етесь в библиоте́ке?

Когда́ вы обе́даете?

Когда́ у вас фоне́тика?

Когда́ вы занима́етесь до́ма?

Когда́ у вас аэро́бика?

Oral Drill 4 (5.1 telling what day something happens) Tell what day the following classes meet, following the model.

рýсский язы́к/вто́рник   ➡   Рýсский язы́к во вто́рник.

исто́рия — вто́рник, четве́рг

биоло́гия — среда́, четве́рг

хи́мия — понеде́льник, пя́тница

психоло́гия — понеде́льник

матема́тика — среда́, четве́рг

Oral Drill 5 (5.2 new verbs) Practice the new verbs by saying what the following people do.

Воло́дя (встава́ть в 7 часо́в)   ➡   Воло́дя встаёт в 7 часо́в

мы (за́втракать)

они́ (одева́ться)

я (идти́ на ле́кцию)

роди́тели (обе́дать в кафе́)

Мари́на (занима́ться)

ты (убира́ть ко́мнату)

Ди́ма и Ко́стя (чита́ть газе́ты)

Ро́берт (смотре́ть телеви́зор)

А вы?

Oral Drill 6 (5.2 new verbs) Say what Svetlana did yesterday.

принима́ть душ   ➡   Светла́на принима́ла душ.

одева́ться, за́втракать в общежи́тии, занима́ться в библиоте́ке, обе́дать в кафете́рии, отдыха́ть до́ма, слýшать мýзыку, чита́ть журна́лы, ýжинать в 8 часо́в

Oral Drill 7 (5.4 идти) Ask where the following people are going. In short questions with a question word, the nouns normally come after the verb, whereas the pronouns come before.

Кудá ты идёшь?/он   ➡   Кудá он идёт?

онá, вы, они́, мы, Тáня, Тáня и Ни́на

Oral Drill 8 (5.4 éхать) Say the following people are going to Novgorod.

наш преподаватель ➡	Наш преподаватель éдет в Нóвгород.

родители, я, мы, Анна, ты, Олéг, вы

Oral Drill 9 (5.5 где vs. кудá) Ask the speaker to repeat the place named.

Тáня рабóтает в Москвé. ➡	Где?
Алёша идёт на рабóту. ➡	Кудá?

Вáня опáздывает на фильм.

Кáтя зáвтракает дóма.

Сóня éдет в Нóвгород.

Вадúм занимáется в библиотéке.

Вáся идёт в библиотéку.

Я отдыхáю в пáрке.

Мы úчимся в большóм университéте.

Не хóчешь пойтú в цирк?

Oral Drill 10 (5.5 в/на + accusative case for direction) Say that you are going to the following places.

парк ➡	Я идú в парк.

магазúн, ресторáн, библиотéка, рабóта, музéй, стадиóн, дом, аудитóрия, кафé

Oral Drill 11 (5.3–5.5 идтú vs. éхать with в/на + accusative case) State that you all are going to the places mentioned below. If it is possible to walk, then walk. Otherwise, go by vehicle.

Нью-Йóрк ➡	Мы éдем в Нью-Йóрк.
урóк ➡	Мы идём на урóк.

рабóта, Москвá, библиотéка, Россúя, концéрт, Иркúтск, Владивостóк, дáча, музéй, бассéйн, ресторáн, Англия, цирк

Имя и фамилия: _____ Число: _____

Oral Drill 12 (**5.5 в/на + accusative case for direction**) Say that you are late to the following places. Remember that activities take the preposition **на.**

уро́к ➡ Я опа́здываю на уро́к.

университе́т, ле́кция, рок-конце́рт, библиоте́ка, эконо́мика, ру́сский язы́к, ру́сская исто́рия, кафе́, магази́н, уро́к, рабо́та

Oral Drill 13 (**Invitations and 5.5 в/на + accusative case for direction**) Invite a friend to go to the following places.

магази́н ➡ Хо́чешь пойти́ в магази́н?

парк, но́вый рестора́н, конце́рт, библиоте́ка, кино́, бале́т

Oral Drill 14 (**Review of в/на + prepositional case for location**) Tell where the following people work, following the model.

Та́ня — музе́й ➡ Та́ня рабо́тает в музе́е.

Бори́с — библиоте́ка

Мари́я Ива́новна — шко́ла

Анто́н Па́влович — институ́т

Шу́ра — магази́н

Ле́на — кино́

Да́ня — стадио́н

студе́нты — аудито́рия

я — кафе́

Oral Drill 15 (**5.6 до́лжен and свобо́ден**) Say that the following people are not free; they have to study.

| Кири́лл ➡ Кири́лл не свобо́ден. Он до́лжен занима́ться. |
Анна ➡ Анна не свобо́дна. Она́ должна́ занима́ться.

Ма́ша, Вади́м, Гри́ша, Вади́м и Гри́ша, мы, Са́ра, студе́нты, я

Oral Drill 16 (**Review of subjects**) Practice responding to the questions about what class you have next.

Что у тебя́ сейча́с?/исто́рия ➡ Сейча́с у меня́ исто́рия.

эконо́мика, ру́сский язы́к, англи́йская литерату́ра, матема́тика, междунаро́дные отноше́ния, геогра́фия

Письменные упражнения

1. (5.1 telling time) Write a short dialog under each picture.

Образе́ц:

— Ско́лько сейча́с вре́мени?
— Пять часо́в.

1.

_____

_____

2.

_____

_____

3.

_____

_____

4.

_____

_____

5.

_____

_____

6.

_____

_____

2. (5.1 time) Fill in the preposition **в** where necessary in the following conversations.

1. — Сколько сейчас времени?

   — _____ 9 часов.

2. — Когда у вас русский язык?

   — _____ 10 часов.

3. — Хотите пойти в магазин?

   — Когда?

   — _____ 11 часов.

   — У меня биология _____
   11 часов. Давайте пойдём _____ час.

   — Договорились.

4. — Давайте пойдём в магазин.

   — Хорошо. Только у меня химия _____ три часа.

   — Но сейчас уже _____ три часа. Вы опаздываете.

3. (5.1 telling on what day—personalized) Answer the following questions truthfully in complete sentences. The word(s) being asked about should go at the end of your answers.

1. В какие дни вы не слушаете лекции?

   _____

2. В какие дни у вас русский язык?

   _____

3. В какие дни вы смотрите телевизор?

   _____

4. В какие дни вы занимаетесь в библиотеке?

   _____

5. В какие дни вы не завтракаете дома?

   _____

4. (5.1 days of week and 5.2 new verbs) Write ten meaningful sentences, using one element from each column. Supply needed prepositions and the correct endings. Do not change the word order.

понедельник		американцы		завтракать
вторник		русские		слушать лекции
среда		студенты		работать
четверг	утром	преподаватель		отдыхать
пятница	днём	мать	(не)	заниматься
суббота	вечером	я		обедать дома
воскресенье		мы		смотреть телевизор
вчера				писать письма
				ужинать

1. _____

2. _____

3. _____

4. _____

5. _____

6. _____

7. _____

8. _____

9. _____

10. _____

5. **(5.1–5.2)** Translate into Russian.

1. "What did you do yesterday?" "I studied in the library and then watched TV."

   _____

2. "Do you usually eat breakfast?" "Yes, I always eat breakfast at 8 o'clock."

   _____

3. My parents work every day.

   _____

4. Yesterday we ate lunch in our dormitory.

   _____

5. He often gets up at 6 o'clock.

   _____

6. First I go to classes and then I clean my room.

   _____

7. On Friday and Saturday they eat dinner at an Italian restaurant.

   _____

8. Irina goes to bed late.

   _____

6. **(5.3 going—идти vs. ехать)** Everyone is going somewhere tomorrow. Fill in the blanks with the appropriate verb.

1. Алла _____ в Москву.

2. Сергей _____ в кино.

3. Володя _____ в университет.

4. Мы _____ в Киев.

5. Кира и Дима _____ в Суздаль.

6. Я тоже _____ в Суздаль.

7. Ты _____ в библиотеку.

8. Родители _____ на дачу.

9. Дети _____ в цирк.

10. Вы _____ на лекцию.

7. **(5.3 going—я иду** *set out or be on the way* **vs. я хожу** *make multiple round-trips*) Fill in the blanks with the needed verb.

1. Каждый день я _____ в университет.

2. В понедельник я _____ на русский язык в 9 часов.

3. В пятницу вечером я обычно _____ в кино.

4. В 5 часов я _____ в кафе, и в 7 часов я _____ домой.

5. Я сейчас _____ на стадион.

8. **(5.4 где/куда)** Which of the verbs below are **где**-type verbs and which ones are **куда**-type? Formulate a question with each of the verbs and then answer it.

1. заниматься   вопрос _____

                       ответ _____

2. работать   вопрос _____

                       ответ _____

3. идти   вопрос _____

                       ответ _____

4. жить   вопрос _____

                       ответ _____

5. отдыхать   вопрос _____

                       ответ _____

6. опаздывать   вопрос _____

                       ответ _____

7. учиться   вопрос _____

                       ответ _____

8. ехать   вопрос _____

                       ответ _____

9. Case concept exercise. Review the use and meaning of the cases you know. Identify the case of the italicized words in the passage below.

Я ( ) учусь в *университете* ( ). У меня занятия в *понедельник* ( ), *среду* ( ) и *пятницу* ( ).

Суббота ( ) и *воскресенье* ( ) — мои любимые дни. В *субботу* ( ) я не занимаюсь. Утром я иду в *магазин* ( ), а вечером — в *кино* ( ).

В *понедельник* ( ) я иду на *интересную лекцию* ( ). *Наша лекция* ( ) на *первом этаже* ( ). На *лекции* ( ) я слушаю, что говорит *преподаватель* ( ). На *уроке* ( ) *мы* ( ) говорим только по-русски. Я люблю *русский язык* ( ).

10. (5.1–5.5 распорядок дня) In the sentences of the following story, supply the correct endings and the needed prepositions. Do not change word order.

1. утром / я / вставать / рано.

   _____

2. я / принимать / душ / и / быстро / одеваться.

   _____

   _____

3. потом / я / завтракать / и / читать / газета.

   _____

   _____

4. девять / час / я / идти / университет, / потому что / у / я / русский язык / десять / час.

   _____

   _____

   _____

5. одиннадцать / час / у / я / история. Обедать / я / час.

   _____

   _____

6. днём / я / идти / библиотека. Там / я / заниматься.

   _____

   _____

7. шесть / час / я / идти / дом, / где / я / ужинать.

   _____

8. вечером / я / отдыхать — обычно / слушать / американская музыка, / смотреть / телевизор / или / читать / новые книги.

   _____

   _____

   _____

9. десять / час / я / ложиться.

   _____

11. (5.1–5.5 new verbs and their complements) Распорядок дня. Create a short paragraph about your daily activities or, if you prefer, about the daily activities of a fictional character named Vadim. Use every word in columns 1 and 2 at least once. Supply needed prepositions and the correct endings. You may add additional words (such as days of the week or times) if you wish.

1	2	3
утром	читать газету	лекция
днём	слушать музыку	дом
вечером	идти	работа
ночью	заниматься	музей
	вставать	магазин
	ложиться	университет
	одеваться	библиотека
	опаздывать	
	отдыхать	

_____

_____

_____

_____

_____

_____

_____

_____

12. (5.5 где vs. куда) Translate into Russian.

1. Every day we go to classes.

_____

2. Tanya and Vera worked in a restaurant.

_____

3. "Where do you do your homework?" "At home."

_____

4. "Who is always late for lectures?"

_____

5. "Where are you going?" "I am going to the stadium."

_____

6. "Yesterday she ate dinner in the dormitory."

_____

7. "Where are they going on Monday?" "They are going to Russia."

_____

13. (5.6 должен) Change sentences such as *Jane studies* to *Jane has to study*.

1. Мы отдыхаем вечером.

_____

2. Володя занимается в библиотеке.

_____

3. Студенты говорят по-русски.

_____

4. Вы работаете в общежитии.

_____

5. Родители смотрят новые фильмы.

_____

6. Мама быстро одевается.

_____

7. Ты учишься в университете.

    _____

8. Лариса завтракает рано.

    _____

9. Я слушаю американскую музыку.

    _____

10. Преподаватель пишет по-английски.

    _____

14. (Daily activities—review). Fill in the blanks in the following diary with appropriate past-tense verb forms.

> завтракать, ужинать, читать, ходить, слушать, смотреть, думать, говорить, работать, заниматься, забыть, быть, убирать

понедельник: Сегодня я [ate breakfast] _____ в столовой. Днём я [read]

_____ очень интересную книгу.

вторник: Я весь день [thought] _____ о политике.

среда: Утром я 4 часа [studied] _____ в библиотеке. Днём я [worked]

_____.

четверг: Днём я [went] _____ на занятия. Вечером я [went]

_____ в кино.

пятница: Я [forgot] _____, что сегодня вечером у нас вечеринка*! Я весь день

[straightened] _____ комнату.

суббота: Мой брат [watched] _____ телевизор весь день, а я [listened]

_____ радио.

воскресенье: Днём я [was] _____ дома. Вечером мы [ate dinner] _____

в хорошем ресторане.

*вечери́нка — party

15. (Daily activities—review).

- Read through the following infinitive phrases, and check the ones indicating activities you did last week.

слушать радио, диски, лекцию, . . .

читать газету, книгу, журнал, . . .

смотреть телевизор, фотографии, фильм, . . .

думать о политике, о друге, о матери, . . .

говорить об университете, о России, . . .

ходить в библиотеку, на занятия, на работу, . . .

работать (где?)

заниматься (где?)

завтракать (где?)

обедать (где?)

ужинать (где?)

- Did you do something else that you can express in Russian?
- Now fill in the following diary page, indicating one or two activities you did each day. Use Exercise 14 as a model. Do not use any verb more than twice.

понедельник:

вторник:

среда:

четверг:

пятница:

суббота:

воскресенье:

16. (Your life—personalized). Немного о себе. Answer the following questions about yourself in complete sentences. Try to be honest, within the bounds of the Russian words you already know.

1. Где вы сейчас живёте?

2. Вы всегда там жили? Если нет, где вы жили раньше?

3. В каком городе вы учились в школе?

4. Вы работали, когда вы учились в школе? Где?

5. Какие книги вы читали в школе?

6. Вы вчера читали газету утром или вечером?

7. Что ещё вы делали вчера?

8. Вы вчера ходили в библиотеку?

9. Что вы там делали?

10. Куда ещё вы ходили вчера?

Дом, квартира, общежитие

 **Числительные**

Review of Numbers

A. Write down the prices of the following items. Each number is followed by a form of the word for thousand (**ты́сяча, ты́сячи, ты́сяч**). Indicate whether the price is in dollars or rubles.

1. компью́тер _____

2. большо́й телеви́зор _____

3. автомоби́ль «Мерседе́с» _____

4. да́ча _____

5. авиабиле́т би́знес-кла́сса Москва́–Нью-Йо́рк _____

6. я́хта _____

7. пятико́мнатная кварти́ра _____

Б. Напиши́те телефо́нные номера́ э́тих люде́й:

Ди́ма	_____	Ма́ша	_____
Михаи́л	_____	Анна	_____
Ка́тя	_____	Жа́нна	_____
Яша	_____	Серге́й	_____
Ки́ра	_____	Макси́м	_____
Игорь	_____	Со́ня	_____
Ле́на	_____	Алекса́ндр	_____
Ири́на	_____	Дми́трий	_____

B. Ско́лько сто́ит жить в...? Need to rent an apartment in Russia? Location is everything. Here are some standard rents for major Russian cities. All the apartments are average size, about 50 square meters. Monthly rents are quoted in dollars. Fill in the amounts and the phone numbers for inquiry.

Ме́сто	Пла́та (до́ллары в ме́сяц)	Телефо́н (код го́рода, тел.)
Москва́ (центр)		
Москва́ (ст. метро «Ту́шино»)		
С. Петербу́рг (Не́вский пр.)		
С. Петербу́рг (Гражда́нка)		
Владивосто́к		
Волгогра́д (университе́т)		

Фонетика и интонация

Intonation Contour 5 (IC-5)

Intonation contour IC-5 occurs in expressions of exclamation such as

Кака́я у вас кварти́ра!
"What an apartment you have!"

Compare this to IC-2 used in questions with a question word such as

Кака́я у вас кварти́ра?
"Which apartment do you have?"

A. Listen to each of the sentences below. Provide the appropriate punctuation, either an exclamation point or a question mark. Indicate which IC you heard.

1. (IC-___)   Кака́я да́ча

2. (IC-___)   Како́й при́город

3. (IC-___)   Како́й ста́рый ковёр

4. (IC-___)   Кака́я ую́тная гости́ная

5. (IC-___)   Како́й у вас холоди́льник

6. (IC-___)   Каки́е у вас фотогра́фии

7. (IC-___)   Кака́я у вас тради́ция

8. (IC-___)   Каки́е краси́вые дома́

9. (IC-___)   Како́й здесь телеви́зор

10. (IC-___)   Како́й большо́й

Б. Repeat the expressions in the previous exercises as accurately as you can until you are pleased with the results.

Устные упражнения

Oral Drill 1 (New vocabulary: parts of the house, and review of prepositional case) Say that Mom is now in the rooms named. Pay attention to the choice between **в** and **на,** and remember that some rooms are adjectives.

ку́хня ➡ Ма́ма сейча́с на ку́хне.

спа́льня

ва́нная

гости́ная

столо́вая

больша́я ко́мната

ма́ленькая ко́мната

общежи́тие

восьмо́й эта́ж

Oral Drill 2 (New vocabulary: rooms and furnishings) When asked if you saw something, respond that you have the exact same item!

> — Ты ви́дел но́вый дива́н? ➡ — У нас тако́й же дива́н!

Ты ви́дел. . .

нашу гости́ную?

но́вую крова́ть?

пи́сьменный стол?

но́вый компью́тер?

мои́ но́вые кре́сла?

наш но́вый шкаф?

э́тот ковёр?

мой но́вый холоди́льник?

нашу да́чу?

э́ту ико́ну?

нашу столо́вую?

Oral Drill 3 (New vocabulary: стои́т / стоя́т, виси́т / вися́т, лежи́т / лежа́т) Use the appropriate verb, depending on the object mentioned.

> ико́ны ➡ В э́той ко́мнате вися́т ико́ны.
> телеви́зор ➡ В э́той ко́мнате стои́т телеви́зор.

крова́ть

магнитофо́н

ико́на

фотогра́фии

больши́е ла́мпы

(на полу́) ковры́

(на стене́) ковёр

шкаф

Oral Drill 4 (6.1 хоте́ть) Say the following people want to look at the photographs.

| Ива́н | ➡ | Ива́н хо́чет посмотре́ть фотогра́фии. |
| мы | ➡ | Мы хоти́м посмотре́ть фотогра́фии. |

я, ты, роди́тели, сестра́, Ма́ша и Ве́ра, на́ша сосе́дка, вы

Oral Drill 5 (6.2 genitive pronouns) Ask whether the following people have a car. (The presence of **есть** indicates that the speaker is interested in whether or not the car exists.)

| ты | ➡ | У тебя́ есть маши́на? |
| он | ➡ | У него́ есть маши́на? |

вы, она́, кто, они́, ты, он

Oral Drill 6 (6.2 genitive pronouns) Say the following people have a cozy apartment. (The absence of **есть** indicates that the speaker is focusing on the coziness of the apartment rather than on the apartment itself.)

| они́ | ➡ | У них ую́тная кварти́ра. |
| мы | ➡ | У нас ую́тная кварти́ра. |

я, он, вы, они́, она́, ты, мы

Oral Drill 7 (6.2 genitive singular nouns and modifiers) Ask if the person in question has an armchair.

| Ви́ктор | ➡ | У Ви́ктора есть кре́сло? |

Ве́ра

Ва́ля

Вале́рий Петро́вич

наш преподава́тель

твоя́ мать

твой оте́ц

брат и сестра́

но́вый друг

твой сосе́д по ко́мнате

ва́ша сосе́дка по ко́мнате

Oral Drill 8 (**6.4 nonexistence—нет**) You have an unfurnished apartment to rent. Tell prospective tenants that it does not have the things they ask about.

> — Есть дива́н? ➡ — Нет, нет дива́на.

Есть. . .?

> телеви́зор, ма́ленькая ла́мпа, кре́сло, большо́й шкаф, сте́рео, магнитофо́н, крова́ть,
>
> холоди́льник, пи́сьменный стол, плита́, ковёр

Oral Drill 9 (**6.4 nonexistence, not having**) Say that you don't have whatever is asked about.

> — У вас есть больша́я крова́ть? ➡ — Нет, у меня́ нет большо́й крова́ти.

У вас есть цветна́я фотогра́фия?

У вас есть большо́й шкаф?

У вас есть краси́вое кре́сло?

У вас есть тако́й ковёр?

У вас есть така́я крова́ть?

У вас есть тако́й холоди́льник?

У вас есть большо́е окно́?

Oral Drill 10 (**6.4 absence**) Say that the items asked about are not here, using genitive pronouns.

> Где си́нее кре́сло? ➡ Его́ здесь нет.

Где моё письмо́?

Где зелёный ковёр?

Где мой магнитофо́н?

Где моё пла́тье?

Где горя́чая вода́?

Где ма́ленькое кре́сло?

Где жёлтый дом?

Где моя́ но́вая крова́ть?

Oral Drill 11 (**6.3–6.4 having and not having**) Contradict the speaker, saying that the people being talked about do indeed have the items in question.

> — У Ви́ктора нет но́вого до́ма.   **➡**   — Нет, у него́ есть но́вый дом.

У Алекса́ндра нет но́вого ковра́.

У Ма́ши нет си́него дива́на.

У Анны нет бе́лой ла́мпы.

У ма́тери нет э́той кни́ги.

У сестры́ нет кра́сного кре́сла.

У Бо́ри нет большо́й кварти́ры.

У Анто́на нет ую́тной спа́льни.

У Ви́ктора нет хоро́шего до́ма.

У до́чери нет жёлтого пиджака́.

Oral Drill 12 (**6.4 having and not having**) Answer that you have the object in question, using the approrpriate pronoun.

> — У вас нет шка́фа?   **➡**   — Нет, есть. Вот он.

У вас нет телеви́зора?

У вас нет кре́сла?

У вас нет фотогра́фии?

У вас нет окна́?

У вас нет ку́хни?

У вас нет гаража́?

У вас нет плиты́?

У вас нет ико́ны?

У вас нет ра́дио?

У вас нет ла́мпы?

У вас нет пи́сьменного стола́?

Oral Drill 13 (**6.3–6.4 presence, absence, and interrogative pronouns**) You didn't quite hear the statement. Ask a confirming question.

— Мари́на здесь.	➡	— Кто здесь?
— Мари́ны здесь нет.	➡	— Кого́ здесь нет?
— Уче́бник здесь.	➡	— Что здесь?
— Уче́бника здесь нет.	➡	— Чего́ здесь нет?

Па́па здесь.

Ви́тя здесь.

Жёлтая кни́га здесь.

Ма́мы здесь нет.

Твоего́ бра́та здесь нет.

Большо́й крова́ти здесь нет.

Си́ний дом здесь.

Твоя́ сестра́ здесь.

Магнитофо́на здесь нет.

Пла́тья здесь нет.

Твое́й руба́шки здесь нет.

Роди́тели здесь.

Общежи́тие здесь.

Oral Drill 14 (**6.5 possession and "of"**) Combine the information given in two sentences into a more succinct message.

— Это Макси́м. А э́то его́ кварти́ра.	➡	— Это кварти́ра Макси́ма.

Это оте́ц. А э́то его́ да́ча.

Это мать. А э́то её ме́бель.

Это дочь. А э́то её ко́мната.

Это сын. А э́то его́ ико́ны.

Это брат. А э́то его́ холоди́льник.

Это сестра́. А э́то её дива́н.

Это Ма́ша. А э́то её маши́на.

Это Са́ша. А э́то его́ крова́ть.

Это Вале́ра. А э́то его́ стол.

Это На́дя. А э́то её ла́мпа.

Oral Drill 15 (**6.6 оди́н–одна́–одно́**) When asked if you have something, say you have one of them.

| — У вас есть да́ча?   ➡   — Да, у меня́ одна́ да́ча. |

У вас есть крова́ть?

У вас есть дива́н?

У вас есть кварти́ра?

У вас есть окно́?

У вас есть ковёр?

У вас есть ра́дио?

У вас есть кре́сло?

У вас есть сосе́дка?

У вас есть сту́л?

Oral Drill 16 (**6.6—два vs. две + genitive singular noun**) You're asked if you have one of something. Respond that you have two.

| — У вас одна́ кни́га?   ➡   — Нет, две кни́ги. |

У вас одна́ фотогра́фия?

У вас одна́ ко́мната?

У вас одна́ спа́льня?

У вас одна́ дверь?

У вас оди́н гара́ж?

У вас оди́н телеви́зор?

У вас оди́н преподава́тель?

У вас одно́ окно́?

У вас одно́ кре́сло?

У вас одно́ ра́дио?

Письменные упражнения

1. (6.1 хотеть) Какие у вас планы? Fill in the blanks in the following passage with the appropriate form of **хотеть**. Mark stress on the words you write in.

— Что вы _____ делать сегодня вечером?

— Мы _____ отдыхать. Я _____ писать письма. Алла

_____ пойти в кино. Гриша и Вадим _____ смотреть

телевизор. А что ты _____ делать?

— Я _____ читать.

2. (Review of adjective endings) Supply the endings.

1. У тебя син_____ или зелен_____ куртка?

2. В столовой стоял больш_____ коричневый стол и син_____ стулья.

3. Я хочу красн_____ кресло, а моя сестра хочет син_____.

4. В его спальне лежит стар_____ син_____ ковёр.

5. У меня в кухне потолок бел_____, но стены син_____.

6. На столе лежали русск_____ и американск_____ журналы, а рядом стояла син_____ лампа.

7. Мы живём в маленьк_____ квартире. В уютн_____ гостиной есть широк_____ диван и

маленьк_____ телевизор на син_____ столе.

8. На стенах висят красив_____ фотографии.

3. (6.2 у + genitive pronouns—having) Make sentences out of the following strings of words. The first one is done for you.

> у / я / есть / телевизор ➡ *У меня есть телевизор.*

1. у / ты / есть / радио _____

2. у / мы / есть / телевизор и магнитофон _____

3. Это Максим. У / он / есть / компьютер _____

4. Это Аня. У / она / есть / принтер _____

5. Это Максим и Аня. У / они / есть / новые кассеты _____

_____

6. у / вы / есть / машина _____

4. (Review of spelling rules for formation of genitive) Two of the three spelling rules play a role in genitive singular endings for nouns and modifiers. Review those rules here by filling in the blanks.

7-letter rule:	**5-letter rule:**
After ___, ___, ___, ___, ___, ___, ___ do not write ____; write ____ instead.	After ___, ___, ___, ___, ___ do not write ___ if _____; write ___ instead.

5. (6.3 у + genitive of singular modifiers and nouns—having) Fill in the blanks with the appropriate forms of nouns and modifiers in genitive.

1. У (твой брат) _____ есть фотоаппарат?

2. У (моя мама) _____ очень большая гостиная.

3. У (наш профессор) _____ есть интересные новые книги.

4. У (их дочь) _____ красивая квартира.

5. У (ваша соседка) _____ есть русские кассеты?

6. У (этот американец) _____ новая машина.

7. У (ваш преподаватель) _____ старый дом?

6. (6.3 у + genitive of singular modifiers and nouns—having) Combine words from the two columns below to write ten questions asking whether the following people have these things.

ваш сосед	дача
наш преподаватель	компьютер
американский президент	новый диван
твой отец	красный ковёр
ваша новая соседка	синие стулья
её дочь	большой стол
твоя мама	зелёная лампа

Образец: У твоей мамы есть дача?

1. _____

2. _____

3. _____

4. _____

5. _____

6. _____

7. _____

8. _____

9. _____

10. _____

7. (6.4 not having—нет + genitive) Answer the following questions in the negative. Circle endings that are subject to the 7-letter or 5-letter spelling rule, and indicate which rule applies.

образец:　У Сони есть хорошая книга?　➞　Нет, у неё нет хорошей книги.

1. У Максима есть хороший телевизор?

   _____

2. У Жени на даче есть горячая вода?

   _____

3. У Кати есть чёрное платье?

   _____

4. У Кирилла есть русский словарь?

   _____

5. У Маши есть красный диван?

   _____

6. У сестры есть белая блузка?

   _____

7. У соседки есть синее кресло?

   _____

8. У соседа есть хорошая машина?

   _____

8. (6.3–6.4 having and not having—personalized) Answer the questions (truthfully!) with a full sentence.

1. У вас есть большое окно?

   _____

2. У вас есть цветной телевизор?

   _____

3. У вас есть русская икона?

   _____

4. У вас есть чёрное кресло?

   _____

5. У вас есть дача?

   _____

9. (6.3–6.4 having and not having) Create ten meaningful, grammatically correct sentences by combining words from the columns below. Do not change word order, but do put the words in the needed case. The question mark at the bottom of some of the columns indicates you may use words of your own choosing if you like.

У	я		красный	кровать
	ты		зелёный	диван
	он		синий	стол
	она	есть	жёлтый	стул
	мы		голубой	кресло
	вы		чёрный	шкаф
	они	нет	белый	холодильник
	кто		большой	ковёр
	мой друг		маленький	телевизор
	наша мама		новый	дверь
	ваш брат		старый	общежитие
	?		?	?

Образец:	У меня есть белый холодильник.
	У вашего брата нет большого шкафа.

1. _____

2. _____

3. _____

4. _____

5. _____

6. _____

7. _____

8. _____

9. _____

10. _____

10. (6.3–6.4 having and not having) Translate into Russian.

1. "Does Katya have an American newspaper?" "No, she does not."

_____

_____

2. Viktor does not have a brother.

_____

3. Her mother does not have a house. She has a beautiful apartment.

_____

_____

4. "Does your neighbor have a big house?" "No, he has a very small house."

_____

_____

5. This Russian student does not have a new computer.

_____

_____

6. Lena and Misha have a large living room but do not have a dining room.

_____

_____

7. My father does not have a black suit. He has a dark blue one.

_____

_____

11. (6.5 possession and "of") Make grammatically correct sentences out of the following strings of words. Do not change word order. When you are done, you will have a short text about Vadim and Anna's new apartment.

У / Вадим / и / Анна / новый / квартира. Вот / фотография / их новый / квартира.

Это / их большой / комната. Здесь / синий / кресло, / диван / и / стол. У / они / есть / цветной / телевизор.

Это / комната / Вадим / и / Анна. А вот / комната / их / дочь. У / она / компьютер / стоит / на / маленький / стол.

_____

_____

_____

_____

_____

_____

_____

_____

12. (6.5 possession and "of") Translate the following short passage into Russian.

This is our family's apartment. Here is grandmother's room. The walls of the room are white. On the table is a picture of her brother and sister. There is nice furniture in my mother and father's room.

_____

_____

_____

_____

_____

13. (6.6 specifying quantity) Fill in the blanks, putting the words in parentheses in appropriate forms.

1. У меня (два) _____ (соседка) _____.

2. У Светы есть три (кассета) _____.

3. В моей спальне (один) _____ (кровать) _____ и (два) _____ (шкаф) _____.

4. В доме три (этаж) _____.

5. У Сергея четыре (кресло) _____.

6. На столе лежало (один) _____ (письмо) _____.

7. В этой квартире четыре (комната) _____.

8. В гостиной (два) _____ (ковер) _____.

14. (6.6 specifying quantity) Make ten meaningful, grammatically correct sentences by taking one word from each column. Do not change word order, but do put the words in the correct case.

У	мой	сосед	один (одна, одно)	кровать
	твой	соседка		диван
	наш	студент	два (две)	стол
	ваш	студентка		стул
	новый	преподаватель	три	кресло
	старый	мать		шкаф
	русский	дочь	четыре	холодильник
	американский	брат		ковёр
		сестра		телевизор
				дверь
				окно

1. _____

2. _____

3. _____

4. _____

5. _____

6. _____

7. _____

8. _____

9. _____

10. _____

15. **(6.7 у кого = at someone's place; review of days of week)** Petya spends every afternoon at a different friend's house. Indicate where he spends each day. The first one is done for you.

пн Виктор	вт Жанна	ср Саша	чт Иван
пт Катя	сб Олег	вс Мария	

1. *В понедельник Петя у Виктора* _____
2. _____ .
3. _____ .
4. _____ .
5. _____ .
6. _____ .
7. _____ .

Now write three to five sentences indicating where you spend different days. Remember to use **в** or **на** plus the prepositional case for places, **у** plus the genitive case for "at someone's place."

_____

_____

_____

_____

_____

16. **(Vocabulary—adjectives of color)** Fill in the blanks with the appropriate form of the adjective.

Что у меня в шкафу*?

Здравствуйте! Меня зовут Елена Борисовна Максимова, и я хочу рассказать вам, что у меня есть в шкафу. У меня есть [light blue] _____ джинсы. Кроме того, у меня [red] _____ платье и [green] _____ туфли. У моего мужа [old] _____ _____ [black] _____ брюки и [white] _____ рубашка. У него есть также [yellow] _____ галстук. Мой муж спортсмен, и поэтому у него есть [good] _____ [new] _____ кроссовки. У него также [gray] _____ пальто.

*в шкафу́ = in the closet

17. (Review—Personal inventory)

1. List five items that you have in your closet, and five pieces of furniture you have in your house, apartment, or dorm room. Put a color adjective next to each item.

   В шкафу   **Дома**

   1. _____   1. _____

   2. _____   2. _____

   3. _____   3. _____

   4. _____   4. _____

   5. _____   5. _____

2. Write a short paragraph entitled **Что у меня в шкафу?** or **Что у меня в квартире (в комнате, в доме)?**

   _____

   _____

   _____

   _____

   _____

   _____

18. (Vocabulary—lying, standing, hanging) Fill in the blanks with **лежит / лежат, стоит / стоят**, or **висит / висят.**

1. — У нас на стене _____ ковёр.

   — У меня такой же ковёр. Только он _____ на полу.

2. — В какой комнате у вас _____ телевизор?

   — Он _____ у нас в большой комнате.

3. Я вижу, что у вас _____ икона.

4. — Где _____ ваш паспорт?

   — Он _____ на столе.

5. Я вижу, что у вас в гостиной _____ красивое кресло.

19. (General review) In the following short passage, fill in the blanks with the correct ending. Write in the first letter of the case you are using. The first two blanks are filled in for you.

Я живу в студенческ_ом_ (Р) общежити_и_ (Р) на десят_____ этаж_____. У меня в

комнат_____ есть дв_____ кроват_____ и дв_____ ламп_____. У нас нет цветн_____

телевизор_____, но есть чёрно-бел_____ телевизор_____.

Наша семья

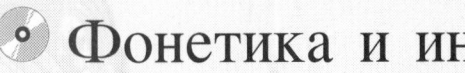 ## Фонетика и интонация

IC-2 for Emphasis

Up until now you have seen IC-2 in questions with a question word, imperatives, and in nouns of address:

Мэ́ри, скажи́, где живу́т твои́ роди́тели?

IC-2 is also used in place of IC-1 in normal declarative sentences to indicate emphasis.
IC-1 (No emphasis):

Твои́ роди́тели не ста́рые.

IC-2 (Emphasis on **не старые**):

Твои́ роди́тели совсе́м не ста́рые.

At first you may perceive that IC-2 conveys more a feeling of anger than emphasis. However, for speakers of Russian IC-2 is not associated with anger or annoyance.

A. Mark the dialog below, placing a "2" over the stressed word of each segment that you think should have IC-2 intonation. Then listen to the audio to see if you were correct.

2 2 — Ве́ра, кто э́то? Твой оте́ц?	2 2 — Что ты! Это мой де́душка!

— Жа́нна, кто это на фотогра́фии?

— Это мой де́душка.

— Но он совсе́м не ста́рый! Ско́лько ему́ лет?

— Ему́ се́мьдесят. А вот фотогра́фия ба́бушки.

— Ба́бушка то́же молода́я!

— Что ты! Ей то́же се́мьдесят!

Б. Listen to the following sentences and determine which have normal declarative intonation (IC-1) and which are emphatic (IC-2). Mark the stressed word in each sentence with the appropriate intonation number and punctuate accordingly: a period for IC-1 sentences and an exclamation point for IC-2.

1 Это мой оте́ц.	2 Это мой *оте́ц* [а не брат]!

1. — У вас больша́я семья́... | — А у нас ма́ленькая семья́

    — Нет | Что вы | У нас ма́ленькая семья́: | дво́е дете́й

2. Оте́ц преподаёт матема́тику в университе́те

    Он та́кже преподаёт фи́зику

3. Ве́ра уже́ не у́чится в шко́ле | Она́ у́чится в университе́те

4. — Это на́ша ку́хня

    — У меня така́я же ку́хня

5. Вот наш дом | Это на́ша больша́я ко́мната | А э́то на́ша ма́ленькая ко́мната

Устные упражнения

Oral Drill 1 (Vocabulary: family members; review of genitive after нет) Respond that the people mentioned do not have the family members in the prompt.

> У Маши есть сестра? ➞ Нет, у Маши нет сестры.

У Бори есть младший брат?

У Антона есть дядя?

У Анны есть бабушка?

У Киры есть сын?

У Саши есть дети?

У Жени есть старшая сестра?

Oral Drill 2 (Family vocabulary and irregular nominative plurals) When asked who works in a given place, pluralize the answer.

> Кто работает здесь? (сестра) ➞ Здесь работают наши сёстры.

брат, мать, дочь, сын, ребёнок, двоюродная сестра, двоюродный брат

Oral Drill 3 (7.1 любить) Answer the question affirmatively. Nouns after **любить** are in the accusative case (direct objects); verbs are in the infinitive.

> Иван любит спорт? ➞ Да, он любит спорт.
> Вы любите учиться? ➞ Да, мы любим учиться.

Катя и Саша любят читать?

Ты любишь русский язык?

Брат Киры любит школу?

Вы любите ужинать в ресторане?

Ты любишь читать газеты?

Его тётя любит компьютеры?

Oral Drill 4 (7.3 роди́лись, вы́росли) Ask the following people where they were born and grew up.

> Анна   ➡   Анна, где ты роди́лась и вы́росла?
> Ни́на Никола́евна ➡ Ни́на Никола́евна, где вы роди́лись и вы́росли?

Бори́с, Ки́ра, Анна Петро́вна, Ма́ша, Ми́ша, Ма́ша и Ми́ша, Вади́м, Валенти́н Па́влович

Oral Drill 5 (7.4 age and dative case of pronouns) After asking for the name, ask how old the person is.

> Как зову́т ва́шего отца́? ➡ Ско́лько ему́ лет?
> Как зову́т твоего́ дру́га? ➡ Ско́лько ему́ лет?

Как зову́т. . .

    твою́ сестру́,

    ва́шу тётю, ва́шего де́душку,

    твою́ ба́бушку, их дете́й,

    ма́му и па́пу, Ки́ру и Андре́я,

    их племя́нницу, ва́шего племя́нника

Oral Drill 6 (7.5 genitive plural: ending ➡ no ending) When asked if there is a certain building in a city, say that there are many.

> Здесь есть общежи́тие? ➡ Да, здесь мно́го общежи́тий.

Здесь есть. . .

    шко́ла? библиоте́ка?

    общежи́тие? аудито́рия?

    больни́ца? у́лица?

    телеста́нция? лаборато́рия?

Oral Drill 7 (7.5 genitive plural: ending ➝ no ending with fill vowel) Practice asking people how many of the following they have.

Сосе́дка	➝	Ско́лько у вас сосе́док?
Письмо́	➝	Ско́лько у вас пи́сем?

окно́, ба́бушка, ру́чка

блу́зка, руба́шка

студе́нтка, сестра́

су́мка, кре́сло

Oral Drill 8 (7.5 genitive plural: ь ➝ -ей) When asked where someone or something is, respond that there are none of those where you are.

Где преподава́тель?	➝	Здесь нет преподава́телей.
Где секрета́рь?	➝	Здесь нет секретаре́й.

Где...

библиоте́карь? писа́тель?

учи́тель? секрета́рь?

слова́рь? за́пись?

Oral Drill 9 (7.5 genitive plural: after ш, ж, ч, and щ ➝ -ей) When asked if one of the following things is here, say that there are five of them.

Здесь оди́н врач?	➝	Нет, здесь пять враче́й.
Здесь оди́н каранда́ш?	➝	Нет, здесь пять карандаше́й.

Здесь оди́н...?

гара́ж

врач

каранда́ш

эта́ж

Oral Drill 10 (7.5 genitive plural: -ов/-ев) When asked where people are, say they're not here.

> Где бизнесме́ны? ➡ Здесь нет бизнесме́нов.
> Где америка́нцы? ➡ Здесь нет америка́нцев.

Где. . .

архите́кторы? бухга́лтеры?

журнали́сты? музыка́нты?

программи́сты? ме́неджеры?

продавцы́? худо́жники? не́мцы?

профессора́? япо́нцы?

францу́зы? кита́йцы?

Oral Drill 11 (7.5 genitive plural: special cases and exceptions) Ask how many of the following things are here.

> Роди́тели ➡ Ско́лько здесь роди́телей?
> Семья́ ➡ Ско́лько здесь семе́й?

сын, брат, дя́дя, тётя, де́ти,

роди́тели, друг, стул, пла́тье,

ту́фли, носки́, сосе́д

Oral Drill 12 (7.5 genitive plural of modifiers and nouns) When asked where certain people are, say that you do not know the whereabouts of the group.

> Где америка́нские студе́нты? ➡ А здесь нет америка́нских студе́нтов.
> Где неме́цкие врачи́? ➡ А здесь нет неме́цких враче́й.

Где францу́зские ме́неджеры?

Где кита́йские тури́сты?

Где неме́цкие инжене́ры?

Где ру́сские преподава́тели?

Где брази́льские журнали́сты?

Где ара́бские диплома́ты?

Где кана́дские спортсме́ны?

Oral Drill 13 (**7.6 genitive plural with сколько**) When you are told that various people have certain relatives, ask how many.

У Ле́ны есть бра́тья.	➔	Ско́лько у неё бра́тьев?
У Вади́ма есть тёти.	➔	Ско́лько у него́ тётей?

У Ми́ши есть дя́ди.

У Ка́ти есть сыновья́.

У Вади́ма есть до́чери.

У Ната́ши есть сёстры.

У преподава́теля есть де́ти.

У меня́ есть бра́тья.

У Кири́лла есть тёти.

Oral Drill 14 (**7.6 genitive and age telling**) Ask the ages of the following people.

она́/два	➔	Ей два го́да?

он — 14	они́ — 13
она́ — 21	ты — 6
вы — 63	она́ — 44

Oral Drill 15 (**7.4, 7.6 age**) **Сколько им лет?** The first person is 21. Each person in the list is one year older than the previous one. Follow the pattern.

Вот Ива́н.	➔	Ему́ два́дцать оди́н год.
Вот Людми́ла.	➔	Ей два́дцать два го́да.
Вот мои́ друзья́.	➔	Им два́дцать три го́да.

Вот. . .

Анна

мой брат

его́ тётя

её сосе́дки по ко́мнате

его сосе́д по ко́мнате

мой большо́й друг и я

мои́ друзья́

Вале́рий Петро́вич

Oral Drill 16 (7.6 numbers of brothers and sisters) State that the person has the number of brothers and sisters given in the prompt.

— У Са́ши есть бра́тья и́ли сёстры?/два и ноль
— У Са́ши два бра́та, но нет сестёр.
— У отца́ есть бра́тья и́ли сёстры?/оди́н и две
— У отца́ оди́н брат и две сестры́.

У ма́мы. . . (два и две)

У вну́ка. . . (ноль и две)

У Алёши. . . (три и ноль)

У Ле́ны. . . (пять и ноль)

У Ви́ти. . . (два и три)

У Серёжи. . . (два и одна́)

У отца́. . . (оди́н и две)

У вну́чки. . . (два и две)

У дру́га. . . (оди́н и одна́)

У Са́ши. . . (три и одна́)

У Со́ни. . . (ноль и четы́ре)

У Тама́ры. . . (ноль и пять)

Oral Drill 17 (7.6 number of children) Use the prompts to tell how many children there are in the families asked about.

Ско́лько дете́й в семье́ Ка́ти и Вади́ма?/два ➡ У них дво́е дете́й.

Ско́лько дете́й в семье́. . .?

. . . Ки́ры и Ди́мы — три

. . . Со́ни и Яши — оди́н

. . . Та́ни и Ми́ши — четы́ре

. . . Ма́ши и То́ли — пять

. . . Анны и Са́ши — два

Oral Drill 18 (7.7 comparing ages) You learn how old some new acquaintances are. State who is younger and by how many years.

На́сте 18 лет. Поли́не 20 лет. →	На́стя моло́же Поли́ны на два го́да.
Ки́ре 17 лет. Поли́не 20 лет. →	Ки́ра моло́же Поли́ны на три го́да.

Ки́ре 17 лет. На́сте 18 лет.

Кири́ллу 19 лет. Поли́не 20 лет.

Ки́ре 17 лет. Кири́ллу 19 лет.

Са́ше 15 лет. Мари́и 23 го́да.

Па́влу 14 лет. Мари́и 23 го́да.

На́сте 18 лет. Поли́не 20 лет.

Ви́ктору 13 лет. Кири́ллу 19 лет.

Ла́ре 12 лет. Ви́ктору 13 лет.

Oral Drill 19 (7.7 comparing ages) You learn how old some new acquaintances are. State who is older and by how many years.

Лю́бе 20 лет. Ки́ре 17 лет. →	Лю́ба ста́рше Ки́ры на три го́да.
На́сте 18 лет. Ки́ре 17 лет. →	На́стя ста́рше Ки́ры на год.

Ви́ктору 13 лет. Ло́ре 12 лет.

Лю́бе 20 лет. Ви́ктору 13 лет.

Кири́ллу 19 лет. Са́ше 15 лет.

Мари́и 23 го́да. Ла́ре 10 лет.

Лю́бе 20 лет. Ла́ре 10 лет.

Ви́ктору 13 лет. Его сестре́ 11 лет.

Мари́и 23 го́да. Ле́не 12 лет.

Са́ше 15 лет. Па́влу 14 лет.

Oral Drill 20 (7.8 accusative case of pronouns) Answer "yes" to the questions, replacing nouns with pronouns.

Вы знаете Ма́шу?	➞	Да, мы её зна́ем.
Вы чита́ете газе́ту?	➞	Да, мы её чита́ем.
Вы чита́ете газе́ты?	➞	Да, мы их чита́ем.

Вы слу́шаете класси́ческую му́зыку?

Вы зна́ете Макси́ма?

Вы писа́ли э́ти пи́сьма?

Вы лю́бите ру́сский язы́к?

Вы лю́бите му́зыку?

Вы лю́бите джаз?

Вы зна́ете нас?

Вы зна́ете меня́?

Вы зна́ете Ольгу и Ири́ну?

Вы понима́ли э́ти те́ксты?

Oral Drill 21 (7.9 зову́т + accusative case) When your friends ask you the name of a close relative, respond, "You don't know my brother's (sister's, mother's . . .) name?"

Это ваш брат? Как его́ зову́т?	➞	Вы не зна́ете, как зову́т моего́ бра́та?

Это ваш де́душка? Как его́ зову́т?

Это ваш ста́рший брат? Как его зову́т?

Это ва́ша мла́дшая сестра́? Как её зову́т?

Это ваш оте́ц? Как его́ зову́т?

Это ва́ша племя́нница? Как её зову́т?

Это ва́ша ба́бушка? Как её зову́т?

Это ваш де́душка. Как его́ зову́т?

Это ва́ша ста́ршая дочь? Как её зову́т?

Это ва́ша мать? Как её зову́т?

Это ваш мла́дший сын? Как его́ зову́т?

Имя и фамилия: _____ Число: _____

Oral Drill 22 (7.10 accusative case) Ask your friend if he or she knows your friends and relatives.

| мой друг | ➡ | Ты зна́ешь моего́ дру́га? |
| моя́ тётя | ➡ | Ты зна́ешь мою́ тётю? |

мой оте́ц

моя́ ма́ма

мой но́вый друг

моя́ ста́ршая сестра́

мой мла́дший брат

мой па́па

моя́ ба́бушка

моя́ тётя

моя́ племя́нница

моя́ мать

мой де́душка

мой дя́дя

мой племя́нник

Письменные упражнения

1. (7.1 люби́ть) Спорт. Fill in the blanks in the passage about sports with the correct present tense forms of **люби́ть.** Answer the question at the end of the paragraph in a complete sentence. Mark the stress on the words you write in.

Семья Василия Ивановича и Натальи Николаевны очень _____

спорт. Василий Иванович и его сын _____ теннис, а

Наталья Николаевна _____ хоккей. А вы _____

спорт? _____.

2. (7.2 verb conjugation) Fill in the blanks with the correct present-tense forms of the verb indicated. Mark stress on the words you write in.

1. **учиться**

— Володя, где ты _____?

— Я _____ в университете.

— А твои сёстры тоже _____ там?

— Старшая сестра _____ в институте

иностранных языков, а младшая _____ в школе.

— А я думала, что вы все _____ в университете.

— Как видишь, мы _____ в разных местах.*

*в разных местах — in different places

2. **читать**

— Что _____ эти студенты?

— Лара _____ «Аргументы и факты», а Вадим

_____ французский журнал. А что вы

_____?

— Мы _____ «Вопросы литературы».

3. **писать**

— Соня, ты часто _____ письма?

— Нет, я довольно редко _____. А моя подруга часто _____

домой. И её родители тоже часто _____.

4. **смотреть**

— Кто _____ телевизор?

— Паша. Он всегда _____ новости, а его сёстры _____

фильмы по телевизору. Я _____ телевизор очень редко.

А вы что _____ по телевизору?

— Я никогда не _____ телевизор.

3. (**7.3 родился, вырос**) **Биография.** Fill in the blanks.

родился	родилась	родились
вырос	выросла	выросли

1. Мария Александровна _____ в Москве, а

   _____ в Киеве. Её муж Сергей Иванович

   _____ в Ялте, а _____ в Санкт-Петербурге.

   Теперь они живут в Санкт-Петербурге, где _____ их дети.

2. — Мария Александровна, где вы _____?

   — Я _____ в Москве.

   — И там _____?

   — Нет, я _____ в Киеве.

3. — Где ты _____?

   — Я _____ _____.

   — И там _____?

   — _____, я _____ _____.

   — А твои родители где _____ и _____?

   — _____

   _____

4. (**7.4 dative case of pronouns; age**) Fill in the blanks with the needed pronouns.

1. Это ваша бабушка? Сколько _____ лет?

2. Это ваш племянник? Сколько _____ лет?

3. Это ваш брат? Сколько _____ лет?

4. Это ваши сёстры? Сколько _____ лет?

5. Это ты? Сколько _____ лет?

6. Это вы? Сколько _____ лет?

7. Это ваши родители? Сколько _____ лет?

8. Это ваша тётя? Сколько _____ лет?

9. Это ты и сестра? Сколько _____ лет?

10. Это ваша дочь? Сколько _____ лет?

5. **(7.5 genitive plural)** In preparation for an interview with a representative of the city council, prepare to ask how many of the following institutions there are in the town. The first one is done for you. **Сколько** "how many" always takes genitive.

1. институт   Сколько у вас институтов?

2. библиотека   _____

3. гараж   _____

4. общежитие   _____

5. поликлиника   _____

6. музей   _____

7. ресторан   _____

8. кафе   _____

9. кафетерий   _____

10. больница   _____

11. кинотеатр   _____

12. стадион   _____

13. телестанция   _____

14. банк   _____

15. лаборатория   _____

16. школа   _____

17. магазин   _____

6. (7.5 genitive plural) How would you ask whether the following people have the things in question?

новые студенты — книги ➡ У новых студентов есть книги?

1. американские туристы — документы

   _____

2. новые учителя́ — хорошие идеи

   _____

3. эти русские студенты — учебники

   _____

4. немецкие врачи — визы

   _____

5. ваши друзья — новая мебель

   _____

6. его младшие братья — хобби

   _____

7. ваши старшие сёстры — работа

   _____

8. эти хорошие музыканты — новая программа

   _____

7. (7.5 genitive plural) Write ten logically and grammatically correct sentences by combining one element from each of the columns below. Do not change word order, but do change the endings on the modifiers and nouns where necessary.

У	наши соседи		маленькие дети
	мои сёстры		красивые дома
	твои братья		сыновья и дочери
	наши родители	есть	интересные хобби
	американские студенты		новые общежития
	русские семьи	нет	симпатичные друзья
	молодые музыканты		братья и сёстры
	немецкие бизнесмены		большие квартиры
	ваши друзья		синие платья

_____

_____

_____

_____

_____

_____

_____

_____

_____

_____

8. (7.5–7.6 number of people in the family) Вопросы о семье. Answer the questions in complete sentences, following the models.

> Сколько детей у Василия Ивановича? (2) → У него двое детей.
> Сколько братьев у Сони? (2) → У неё два брата.

1. Сколько сестёр у Кирилла? (2)

   _____

2. Сколько братьев у Марии? (4)

   _____

3. Сколько братьев и сестёр у вашего папы?

   _____

4. Сколько братьев и сестёр у вашей мамы?

   _____

5. Сколько у вас братьев и сестёр?

   _____

6. Сколько детей у Анны Фёдоровны? (4)

   _____

7. Сколько детей у Нади и Вадима? (1)

   _____

8. Сколько детей у Бориса Павловича? (3)

   _____

9. Сколько детей у ваших родителей?

   _____

10. Сколько у вас детей?

   _____

9. (7.5–7.6 number of people in the family) Семья. Give the Russian equivalents of these sentences.

1. "How many brothers and sisters do you have?"

_____

2. "I have two sisters and a brother."

_____

3. "How many children are there in your family?"

_____

4. "There are three children in our family: myself and two brothers."

_____

5. "Does Sasha have brothers and sisters?"

_____

6. "No, he doesn't have any brothers and sisters."

_____

10. (7.7 comparing ages)

A. Create grammatically correct sentences from the following strings of words. Do not change word order, but do put the words in the needed case.

1. Витя / моложе / Таня / на / 3 / год

_____

2. Таня / старше / Кирилл / на / 6 / год

_____

3. Кирилл / старше / Лариса / на / 1 / год

_____

4. Лариса / моложе / Вадим / на / 2 / год

_____

Б. Write five sentences comparing the ages of various members of your family.

Мама на три года старше папы.

1. _____
2. _____
3. _____
4. _____
5. _____

11. (7.4–7.8 age and names) Диалоги. Express the following dialogs, supplying information about yourself in the blanks in the first dialog.

1. "What's your name?" (Use **ты**)

_____

"My name is ___."

_____

"How old are you?"

_____

"I'm ___ years old. And these are my friends. They're eighteen years old. Their names are Kira and Masha."

_____

_____

_____

2. "What are your names?"

_____

"Our names are Zina and Kirill."

_____

"How old are you?"

_____

"We're twenty-one years old."

_____

12. (7.4–7.9) О семье. For each cue below, write a four-line dialogue following the model.

младший брат — Саша, 10	— Как зовут вашего младшего брата? — Его зовут Саша. — Сколько ему лет? — Ему 10 лет.

старший брат — Володя, 19

_____

_____

_____

старшая сестра — Лена, 23

_____

_____

_____

отец — Валерий Михайлович, 45

_____

_____

_____

мать — Мария Петровна, 41

_____

_____

_____

бабушка — Лидия Максимовна, 68

_____

_____

_____

дедушка — Михаил Константинович, 72

_____

_____

_____

13. (General review) Create meaningful sentences by filling in the blanks with the correct form of the words listed below. Mark the stress on the words you write in.

Verbs	говорить, любить, думать
Modifiers and Nouns	младший брат, моя старшая сестра, наша семья, спорт
Pronouns	кто, что, он, она

а. — О _____ вы _____?

— Мы _____ о _____.

б. — Вы _____ _____?

— Да, я _____ очень _____.

в. Мои друзья _____, что

американцы _____ _____.

г. — Расскажите о вашей семье.

— Да о чём рассказать! Я очень _____

_____.

д. Ты знаешь _____?

Она _____, что вы хорошо понимаете по-русски.

14. (General review) Вопросы о себе. Answer these questions in complete sentences.

1. Как вас зовут?

_____

2. Кто вы по профессии?

_____

3. Где вы работаете?

_____

4. Где вы родились?

_____

5. Вы там выросли?

_____

6. Где живут ваши родители?

   _____

7. Кто они по профессии?

   _____

8. Где они работают?

   _____

9. Сколько у вас братьев и сестёр?

   _____

10. Как их зовут?

    _____

11. Они работают или учатся? Где?

    _____

12. Сколько у вас детей?

    _____

13. Как их зовут?

    _____

14. Они учатся или работают? Где?

    _____

15. (General review) Письмо. Fill in the blanks in the following letter to a friend.

Дорогой Павел!

Спасибо за интересное письмо. Ты _____, что

say

ты хочешь знать больше _____. У нас

about our family

_____ семья: я, сестра, отец и мать. _____

small .... Brothers

у меня нет.

_____ Пётр Дмитриевич. _____

My father is named .... He is fifty-two years old

_____.

Ты, наверное, хочешь знать, _____. Он врач, работает

what he does for a living

_____. Папа у меня очень _____

in a big hospital .... serious

и думает только _____.

about work

Я _____.

love him a lot

_____ Софья Петровна.

Mother is named

Она _____ и _____

was born .... grew up

_____ _____.

in a small city .... in Latvia

Сейчас немного _____.

about my sister

_____ и

She's seventeen

_____ в _____ классе. Она очень хочет

she studies .... tenth

_____. Сестра у меня очень

to study at the university

_____ и _____.

bright .... nice

В следующем письме я _____ рассказать* _____.

want .... about our city

_____

Yours

Анна

*рассказать — to recount

16. (General review) Интервью. Half of the transcript of an interview has been lost. Reconstruct the interviewer's part.

1. — _____

— Меня зовут Кирилл Павлович.

2. — _____

— Мне сорок один год.

3. — _____

— Я бухгалтер.

4. — _____

— Я работаю на большом заводе.

5. — _____

— Я думаю, что это интересная работа.

6. — _____

— У меня двое детей: сын и дочь.

7. — _____

— Он учится в первом классе.

8. — _____

— Она учится в пятом классе.

9. — _____

— Да, они любят учиться.

10. — _____

— Мою жену зовут Катя.

11. — _____

— Ей тридцать пять лет.

12. — _____

— Она работает в лаборатории.

13. — _____

— Пожалуйста. До свидания.

В магазине

Фонетика и интонация

A. *Soft Consonants [д], [т], [л], and [н].*

Most Russian consonant letters can be pronounced *hard* (non-palatalized) or *soft* (palatalized). In the written language one can tell whether a consonant is hard or soft by looking at the *following* letter, as shown below:

| ∅ | а | э | о | у | ы | indicate that the *preceding* consonant is *hard* |
| ь | я | е | ё | ю | и | indicate that the *preceding* consonant is *soft* |

The underlined consonants in the following words are soft:

хоте_ли пят_ь г_де _день зна_ли руб_лей _недавно

Pronouncing a soft consonant is like saying the consonant and the [y] of *you* at the exact same time.

For [д] and [т], softness also results in some extra friction. This may sound to you like a barely audible sound similar to English [s] or [z]. Thus the first four words listed above may *sound* to you like:

хот^{s}ели пять^s гд^{z}е д^{z}ень

The pronunciation of the *vowel preceding* the soft consonant is also affected.

Soft [л] and [н]

Softness has a drastic effect on [л] and [н]. Hard Russian [л] and [н] differ only slightly from [l] and [n] of American English. But for soft [л] and [н], the tip of the tongue rests behind the *lower* teeth, while the blade, or flat surface, of the tongue is arched up against the palate (the roof of the mouth). This contortion has a noticeable effect not only on the soft [л] or [н] itself, but also on the preceding vowel.

 1. Listen to these contrastive syllables.

	Hard	Soft		Hard	Soft
1.	та	тя	13.	ла	ля
2.	тэ	те	14.	лэ	ле
3.	ты	ти	15.	лы	ли
4.	то	тё	16.	ло	лё
5.	ту	тю	17.	лу	лю
6.	ат	ать	18.	ал	аль
7.	да	дя	19.	на	ня
8.	дэ	де	20.	нэ	не
9.	ды	ди	21.	ны	ни
10.	до	дё	22.	но	нё
11.	ду	дю	23.	ну	ню
12.	ад	адь	24.	ан	ань

 2. Circle all the soft consonants in the dialog reprinted below. Then listen to the words on the audio and repeat as closely as possible, paying special attention to soft [д], [т], [л], and [н]. Remember that [e] reduces to a sound close to [и] when unstressed.

— Ми́ла, где у вас мо́жно купи́ть ту́фли?

— В универма́ге и́ли в магази́не «Обувь».

— Дава́й пойдём туда́ вме́сте.

— Хорошо́. Или пойдём в «Гости́ный двор». Там вы́бор неплохо́й.

3. Look at the text below taken from an announcement made over a store's public address system. As you listen to the audio, fill in the appropriate vowel in the blanks: **и** after soft consonants, **ы** after hard consonants. Key words are glossed so that you can follow the gist of the announcement.

Examples: You hear: **хо[дᶾ]ил**   You hear: **ты**

⬇   ⬇

You write: **ход _и_ л**   You write: **т_ы_**

respected   is open
Уважаем___е покупател___! На первом этаже нашего магаз___на откр___т новый

will find   wide   toys
детск___й отдел. В нём вы найдёте широк___й ассорт___мент кн___г, игрушек и

games   items   on sale
игр, а также детские принадлежност___. В продаже сегодня — видеокассет___

cartoons
с зап___сями мультф___льмов Уолта Д___снея: «М___кки Маус», «Аладд___н» и

«Ч___п и Дейл».

4. Listen to the following syllables. Pay attention to the quality of the vowel immediately *preceding* the hard and soft consonants. Imitate as closely as possible.

Hard	**Soft**		**Hard**	**Soft**		**Hard**	**Soft**
1. ат	ать	6. ал	аль	11. ан	ань
2. ет	еть	7. ел	ель	12. ен	ень
3. ыт	ыть	8. ыл	ыль	13. ын	ынь
4. от	оть	9. ол	оль	14. он	онь
5. ут	уть	10. ул	уль	15. ун	унь

5. Circle the consonants that you expect to be soft in the italicized words. Then listen to the audio, paying particular attention to the vowel preceding the soft consonant, if there is one. Imitate as closely as possible.

— *Коля, Сеня! Где вы были?*

— Мы *ходили* в «Дом *книги*».

— Мне *сказали,* что там *открыли* новый отдел.

— *Открыли. Только* мы ничего не *купили.* Мы *хотели купить Пете* книги на *день рождения.*

— Ну и что?

— Мы *деньги забыли* дома.

B. IC-3 and Pauses

Most longer sentences are broken up into breath groups. Each breath group has its own intonation contour.

 Listen to the breath groups in these sentences:

³

Я неда́вно была́ в «До́ме кни́ги», | но ничего́ интере́сного там не уви́дела. ¹

³

Мне сказа́ли, | что там интере́сные ве́щи. ¹

³   ³

Понима́ешь, | на днях моя́ сосе́дка по ко́мнате | там купи́ла Замя́тина. ¹

The non-final breath groups in each sentence are marked by IC-3, the same intonation found in yes-no questions. The final breath group is marked by IC-1, the intonation characteristic of simple declarative sentences.

 Now listen to the following sentences:

³   ³

Мы бы́ли в Росси́и, | на Украи́не | и в Белору́ссии. ¹

³   ³   ³

Мы хоте́ли купи́ть руба́шку, | брю́ки, | перча́тки | и ту́фли. ¹

As you can see, each item in a series forms its own breath group marked by IC-3. The final item of the series is marked by IC-1.

In short, Russians often use IC-3 on non-final breath groups before a pause. IC-1 is used on the final breath group at the end of the sentence.

Listen to the utterances on the audio. Mark the break between breath groups in the italicized sentences. Then mark the intonation contours for both groups by placing the appropriate number over the stressed syllable.

	3	1
Example:	У нас есть кварти́ра, |	но нет маши́ны.

— Пе́тя, *я хочу́ сде́лать на́шей сосе́дке Ма́ше пода́рок на день рожде́ния.* Что ты мне

посове́туешь ей купить?

— Мо́жет быть, кни́гу? *Ведь недалеко́ от на́шего до́ма есть большо́й кни́жный магази́н. Я*

был там то́лько вчера́ и купи́л вот эти но́вые кни́ги по иску́сству. Вот авангарди́сты,

импрессиони́сты и абстракциони́сты.

— Каки́е краси́вые кни́ги!

— И о́чень дёшево сто́или: *вот эта кни́га сто́ила пятьдеся́т рубле́й, а э́ту я купи́л за со́рок.*

— Это совсе́м не до́рого! А куби́сты бы́ли?

— *Они́ бы́ли ра́ньше, а тепе́рь их уже́ нет.*

— *Всё равно́, кни́га — иде́я хоро́шая.*

— *Если хо́чешь, мы мо́жем пойти́ вме́сте за́втра у́тром.*

— Дава́й.

Устные упражнения

Oral Drill 1 (8.1 past tense of быть) When asked if various people have been to the store, indicate that they have.

— Пе́тя был в магази́не? ➡ — Да, он там был.

вы, сестра́ Вади́ма, Вади́м, бра́тья Ве́ры, Вале́рия Никола́евна, но́вые сосе́ди, ме́неджер

Oral Drill 2 (8.1 past tense of быть) You are told someone or something *was* here. Imagine that you didn't hear what it was. Ask *who* (or *what*) *was here?*

> — Здесь была́ шко́ла. ➡ — Что здесь бы́ло?
> — Здесь была́ ма́ма. ➡ — Кто здесь был?

Здесь. . .

бы́л па́па, бы́ли де́ти,

бы́л сви́тер, бы́ли брю́ки,

была́ его́ вну́чка, бы́л брат,

бы́ли роди́тели, бы́ли ту́фли

Oral Drill 3 (8.2 past tense of есть = был) When asked if you have certain things, say you used to have them.

> — У вас есть кни́ги? ➡ — Нет, но у меня́ бы́ли кни́ги.

У вас есть. . .?

маши́на, де́ньги, кварти́ра, большо́е окно́, компью́тер, ла́зерный при́нтер, кассе́ты, магнитофо́н

Oral Drill 4 (8.2 past tense of нет = не́ было and review of genitive) Say the following things were not here.

> но́вая маши́на ➡ Здесь не́ было но́вой маши́ны.
> хоро́шие компью́теры ➡ Здесь не́ было хоро́ших компью́теров.

большо́е окно́

но́вая шко́ла

ую́тные ко́мнаты

наш телефо́н

япо́нские телеви́зоры

краси́вое пла́тье

ма́ленькие общежи́тия

краси́вая кварти́ра

Oral Drill 5 (8.3 ходи́л "went and returned") When asked if the people in question are going somewhere, say that they've already gone and come back.

> Ва́дик идёт в магази́н? ➡ Нет, он уже́ ходи́л.

Же́ня идёт в универма́г?

На́стя идёт в библиоте́ку?

Де́ти иду́т в кино́?

Ма́ма и па́па иду́т на ры́нок?

Вы идёте в теа́тр?

Oral Drill 6 (8.3 пошёл — пошла́ — пошли́ "set out") When asked if the people in question are at a certain place, respond that they have in fact set out for the place mentioned.

> — Ве́ра в кинотеа́тре? ➡ — Да, она́ пошла́ в кинотеа́тр.

Пе́тя на ры́нке?

Де́ти в шко́ле?

Вале́рий в университе́те?

Со́ня на заня́тиях?

Ма́ма и па́па на рабо́те?

Oral Drill 7 (8.3 ходи́л vs. пошёл) Answer yes to the questions. If asked whether Masha *is* somewhere else, answer that she has gone there (and not returned). If asked whether Masha *was* there, answer yes, that she went there and has come back.

> — Где Ма́ша? На уро́ке? ➡ — Да, она́ пошла́ на уро́к.
> — Где была́ Ма́ша? В кинотеа́тре? ➡ — Да, она́ ходи́ла в кинотеа́тр.

Где Ма́ша? В библиоте́ке?

Где была́ Ма́ша? На заня́тиях?

Где была́ Ма́ша? На ры́нке?

Где Ма́ша? На рабо́те?

Где Ма́ша? В кинотеа́тре?

Где Ма́ша? На конце́рте?

Где была́ Ма́ша? В магази́не?

Где была́ Ма́ша? В универма́ге?

Где Ма́ша? На филологи́ческом факульте́те?

Где Ма́ша? На ле́кциях?

Oral Drill 8 (8.4 forms of the dative) Ask how old the following people are.

Вале́рий Петро́вич ➡ Ско́лько лет Вале́рию Петро́вичу?

на́ш сосе́д

А́нна Влади́мировна

её до́чь

э́тот ру́сский студе́нт

Бори́с Дми́триевич

но́вый секрета́рь

э́та америка́нская студе́нтка

ста́рый продаве́ц

ва́ш преподава́тель

Oral Drill 9 (8.5 dative case for indirect objects and review of accusative case for direct objects). Tell what Kira gave to whom for **Но́вый год**.

ма́ма — сви́тер ➡ Ки́ра подари́ла ма́ме сви́тер.

па́па — руба́шка

ста́рший бра́т — га́лстук

мла́дший бра́т — кни́га

ста́ршая сестра́ — пла́тье

мла́дшая сестра́ — игру́шка

Oral Drill 10 (8.5 по + dative) Your friend asks you if you like a certain subject. Respond that you do, and that you always read books on that subject.

> Ты лю́бишь иску́сство? ➡ Да, и всегда́ чита́ю кни́ги по иску́сству.

Ты лю́бишь. . .

биоло́гию? му́зыку? хи́мию? лингви́стику? литерату́ру? иску́сство?

Oral Drill 11 (8.5 ну́жно constructions) The people in question not only *want* to do something, they *have* to as well. Complete each sentence, as in the model.

> Я хочу́ рабо́тать. . . ➡ и мне ну́жно рабо́тать.

Ты хо́чешь рабо́тать. . .

Мы хоти́м отдыха́ть. . .

Она́ хо́чет посмотре́ть э́ти фи́льмы. . .

Я хочу́ купи́ть перча́тки. . .

Он хо́чет занима́ться. . .

Они́ хотя́т говори́ть о поли́тике. . .

Вы хоти́те де́лать фотогра́фии. . .

Oral Drill 12 (8.5 на́до constructions) Say that the following people need to relax, using **на́до** plus the dative case.

> Этот ру́сский студе́нт ➡ Этому ру́сскому студе́нту на́до отдыха́ть.

э́та но́вая студе́нтка, на́ша сестра́, Вале́рия, Валерий, Никола́й Алекса́ндрович, Ма́рья Васи́льевна,

э́тот молодо́й челове́к, э́та симпати́чная де́вушка, на́ша но́вая сосе́дка, э́тот ста́рый продаве́ц,

твой оте́ц, твоя́ мать

Oral Drill 13 (8.6 нельзя) You know that these people should not buy chocolate. Say so.

> Ты покупáешь шоколáд?!... ➡️ ...Тебé нельзя́ шоколáд покупáть!

Онá покупáет шоколáд?

Дéти покупáют шоколáд?

Наш преподавáтель покупáет шоколáд?

Мы покупáем шоколáд?

Вáша мать покупáет шоколáд?

Роди́тели покупáют шоколáд?

Твой отéц покупáет шоколáд?

Oral Drill 14 (8.6 трýдно) Say that it is difficult for these people to do these things.

> Мой друг — изучáть китáйский язы́к ➡️ Моемý дрýгу трýдно изучáть китáйский язы́к.

Наш брат — понимáть по-немéцки

Вáша племя́нница — читáть эти кни́ги

Я — посовéтовать, что купи́ть

Бáбушка — убирáть дом

Они́ — отвечáть на заня́тии

Стáршая сестрá — рабóтать и учи́ться

Сергéй и Верони́ка — говори́ть по-япóнски

Письменные упражнения

1. (8.1 past tense of быть) Fill in the blanks with the appropriate past-tense form of **быть**.

1. — Где вы _____ вчера?

   — Мы _____ на рынке.

   — Кто ещё там _____?

   — Кирилл. И Марина тоже _____.

2. — Когда ты _____ в книжном магазине?

   — Я там _____ во вторник.

   — Книги там _____ дорогие?

   — _____ и дорогие, и дешёвые книги. Там _____ одна очень интересная

   книга, которая стоила 135 рублей.

3. — Кто здесь _____? — Здесь _____ Маша.

4. — Кто _____ в библиотеке? — В библиотеке _____ Борис.

5. — Что здесь _____? — Здесь _____ телефон.

6. — Что здесь _____? — Здесь _____ книги.

7. — Что здесь _____? — Здесь _____ окно.

8. — Кто здесь _____? — Здесь _____ наши родители.

2. (8.2 past tense of есть and нет) The verbs have been left out of this questionnaire designed to determine whether people own the same things now that they owned last year (**в прошлом году).**

a. Fill in the missing verbs. In deciding whether to use **есть** or **нет,** check whether the noun is in the genitive case.

Сейчас... (есть или нет)	В прошлом году... (был, была, было, были, не было)
у вас _____ компьютер?	у вас _____ компьютер?
у вас _____ принтер?	у вас _____ принтера?
у вас _____ радио?	у вас _____ кассетник?
у вас _____ машины?	у вас _____ машина?
у вас _____ телевизора?	у вас _____ телевизор?
у вас _____ гитара?	у вас _____ гитара?
у вас _____ русских романов?	у вас _____ романов Пелевина?
у вас _____ хорошего словаря?	у вас _____ хороший словарь?
у вас _____ больших кресел?	у вас _____ большие кресла?
у вас _____ квартира?	у вас _____ квартира?

б. Answer ten of the above questions, in complete sentences.

1. _____
2. _____
3. _____
4. _____
5. _____
6. _____
7. _____
8. _____
9. _____
10. _____

3. **(8.2 past tense of есть and нет)** **Translate into Russian.**

1. "Did you have any Russian magazines?" "No, I did not have magazines. I had newspapers."

   _____

   _____

2. My parents had nice furniture.

   _____

3. I did not have a good dictionary.

   _____

4. There was a big department store there.

   _____

5. Did Zhenya [Женя] have a white dress?

   _____

6. Igor [Игорь] did not have brothers or sisters.

   _____

7. There were no restaurants on that street.

   _____

4. (8.3 ходил versus пошёл, and review of accusative case) Answer the questions, using the appropriate Russian verb.

> — Где была Мария? (лекция) ➡ — Она ходила на лекцию.
> — Где Максим? (дом) ➡ — Он пошёл домой.

1. Где Анна? (парк)

_____

2. Где Лена? (концерт)

_____

3. Где Вадим? (библиотека)

_____

4. Где был Саша? (универмаг)

_____

5. Где была Даша? (кино)

_____

6. Где Маша? (лаборатория)

_____

7. Где была мама? (работа)

_____

8. Где Кирилл? (книжный магазин)

_____

9. Где вы были? (университет)

_____

10. Где ты был(а)? (ресторан)

_____

5. (8.4 dative case forms) Give the dative case for the following phrases in the singular and plural (when appropriate).

кто/что	кому/чему
1. наш но́вый друг	_____
на́ши но́вые друзья́	_____
2. краси́вый чёрный га́лстук	_____
краси́вые чёрные га́лстуки	_____
3. их ста́рый преподава́тель	_____
их ста́рые преподава́тели	_____
4. ру́сское иску́сство	_____
5. э́то большо́е общежи́тие	_____
э́ти больши́е общежи́тия	_____
6. её си́нее пла́тье	_____
её си́ние пла́тья	_____
7. э́та но́вая библиоте́ка	_____
э́ти но́вые библиоте́ки	_____
8. моя́ ста́ршая сестра́	_____
мои́ ста́ршие сёстры	_____
9. их краси́вая тётя	_____
их краси́вые тёти	_____
10. но́вая лаборато́рия	_____
но́вые лаборато́рии	_____
11. дорога́я крова́ть	_____
дороги́е крова́ти	_____
12. ма́ма и па́па	_____
ма́мы и па́пы	_____
13. на́ша ба́бушка	_____
на́ши ба́бушки	_____
14. ваш де́душка	_____
ва́ши де́душки	_____

15. мать и оте́ц

    ма́тери и отцы́

16. его́ мла́дший брат

    его́ мла́дшие бра́тья

17. Юрий Вади́мович

18. ста́ршая дочь

    ста́ршие до́чери

19. э́тот хоро́ший слова́рь

    э́ти хоро́шие словари́

6. (8.5 dative with age) Возраст. Prepare to introduce a group of children to a class in Moscow by writing a sentence about each child, following the model.

> Ванесса, 8, её младшая сестра Карина, 7, Монреаль
> Ванессе 8 лет, а её младшей сестре Карине 7 лет. Они живут в Монреале.

Эрика, 7, её младший брат Питер, 5, Вашингтон

_____

Джон, 6, его младшая сестра Анна, 5, Нью-Йорк

_____

Линда, 14, её старшая сестра Элла, 15, Лос-Анджелес

_____

Джером, 16, его старший брат Билл, 17, Хьюстон

_____

7. (8.5 dative for indirect objects and review of accusative for direct objects) Кто кому́ что купи́л / подари́л? Use the words in the columns to build ten sentences indicating who bought or gave what to whom for birthdays or other holidays last year. The question marks at the bottom of some columns indicate you may substitute a word of your own choosing. Do not change word order, but do put the correct endings on all words.

Subjects	Verbs	Indirect Objects	Direct Objects
я		я	книги
мама		мама	рубашка
папа	купил (-а, -и)	папа	платье
родители	подарил (-а, -и)	родители	машина
брат		брат	плейер
сестра		сестра	
?		?	?

1. _____
2. _____
3. _____
4. _____
5. _____
6. _____
7. _____
8. _____
9. _____
10. _____

8. (8.6 dative for indirect objects) Translate into Russian.

1. "What present did you buy for your sister?" "I bought her a blue sweater."

_____

_____

2. Marina gave (a gift) Bill a Russian dictionary. He gave her three cassettes.

_____

_____

3. Mom bought a nice dress for Vera and a jacket for Viktor.

_____

_____

4. Dad advised me to give Mom gloves.

_____

_____

9. (8.5 по + dative) В книжном магазине. Everyone bought books on their specialty. Fill in the blanks as in the example.

> Архитекторы купили книги по *архитектуре.*

1. Экономисты купили книги по   _____.

2. Бизнесмены купили книги по   _____.

3. Музыканты купили книги по   _____.

4. Литературоведы купили книги по _____.

5. Историки купили книги по   _____.

6. Биологи купили книги по   _____.

7. Психологи купили книги по   _____.

8. Социологи купили книги по   _____.

9. Врачи купили книги по   _____.

10. Я купил(а) книги по   _____.

10. (8.5 dative with ну́жно, на́до, and мо́жно) You have been asked to help a group of English-speaking tourists who want to go shopping tomorrow at a store in Moscow. In preparation, write down some of the expressions you will need, using **ну́жно, на́до,** and **мо́жно.** *If you use мо́жно, omit the dative doer of the action.*

1. Where can one buy women's clothing (же́нская оде́жда)?

   _____

2. Where can one buy men's clothing (мужска́я оде́жда)?

   _____

3. This American needs to buy a shirt.

   _____

4. This Canadian (woman) needs to buy a skirt.

   _____

5. They need to buy presents.

   _____

11. (8.6 subjectless constructions) Fill in the blanks with the needed word.

легко-надо-нужно-нельзя-трудно

1. Сегодня мне _____ смотреть телевизор. Ведь завтра экзамен.

2. Нам _____ заниматься, потому что завтра

   тест по русскому языку.

3. _____ покупать платье сестре,

   потому что я не знаю её размер.

4. Говорить по-русски мне _____.

5. У Тани день рождения. _____ подарить ей книгу по

   искусству.

12. (8.6 subjectless constructions, personalized) Complete the following sentences so that they make sense.

1. Сегодня мне надо _____

2. Мне очень трудно _____

3. Когда я занимаюсь, мне нельзя _____

4. Моим братьям легко _____

5. Нашему дедушке нужно _____

13. (Review) Restore the missing words in Ann's letter to Sasha about her trip to St. Petersburg. Pay special attention to the grammatical environment surrounding each blank. For example, a blank in a sentence, such as **Мы** _____ **в Москве** requires a "location" verb, such as **были,** because of the phrase **в Москве.**

Дорогой Саша,

На прошлой неделе* мы _____ в Петербурге, где мы _____ в большом общежитии. Наши _____ были маленькие, но уютные. Мы _____ и обедали в общежитии, а _____ в ресторане или в кафе.

_____ вторник я ходила _____ концерт, а Дейвид _____ на футбол. Мы также ходили _____ — мы хотели купить _____. Но мы не _____ _____, потому что они _____ очень дорогие!

Твоя

Энн

*на прошлой неделе = *last week*

Что мы будем есть?

Числительные

Review of Numbers

А. Зарплата (salary) Все эти цифры становятся понятными, только если вы знаете, какая средняя заплата в США и России.

Профессия	США доллары в месяц	Россия рубли в месяц
учитель школы		
директор большого магазина		
врач		
водитель автобуса		
актёр в местном театре		
художник-график		
секретарь		
электрик		
брокер		
реалтор		
официант		
журналист		

Б. Ресторанная жизнь в цифрах

1. В 2003 году «Биг Мак», купленный* в Вашингтоне, стоил _____ доллара _____ центов. Такой же «Биг Мак» в Москве стоил _____ рублей.

2. В США пицца с доставкой* на дом может стоить _____–_____ долларов. В России трудно найти такие пиццерии. Но они есть. В Москве пицца с доставкой на дом стоит _____ рублей.

3. Обед в хорошем ресторане в Сан-Франциско стоит примерно* _____ долларов. Обед в хорошем ресторане во Владивостоке стоит приблизительно* _____ рублей.

4. Бутылка французского вина стоит _____ долларов в американском ресторане, и _____ рублей в русском ресторане.

5. На еду в месяц типичный* американец тратит* _____ долларов, а типичный русский — _____ рублей.

6. Работник* в американском Макдоналдсе получает _____ долларов в месяц. В московском Макдоналдсе на Пушкинской площади в Москве работник получает _____ рублей.

7. Американский студент тратит _____ долларов на еду в месяц. А русский студент тратит _____ рублей.

*Новые слова

ку́пленный — bought, purchased

приблизи́тельно — approximately

приме́рно — approximately

рабо́тник — employee

с доста́вкой — delivered (with delivery)

типи́чный — typical

тра́тит — spends

Фонетика и интонация

Review of Vowel Reduction: Letters о, а, and ы

As you have seen, Russian unstressed vowel letters are reduced. Although vowel reduction takes place in English as well, the two systems differ:

English:

2 syllables before stress	1 syllable before stress	Stressed syllable	Any syllable after stress
Prominent	*Not prominent*	*Very prominent*	*Not prominent*

PRO	PA	**GAN**	DA

Russian:

2 syllables before stress	1 syllable before stress	Stressed syllable	Any syllable after stress
Not prominent	*Prominent*	*Very prominent*	*Not prominent*

ПРО	ПА	**ГАН**	ДА

Reduction of о and а

Using the chart above, we can represent the vowel reduction of letters **о** and **а** as follows:

2 syllables before stress	1 syllable before stress	Stressed syllable	Any syllable after stress
Not prominent	*Prominent*	*Very prominent*	*Not prominent*

"uh"	"ah"	**No change: Read as fully stressed**	"uh"

Note that as far as phonetics is concerned, prepositions behave as if they were unstressed syllables of the *following word*:

На платформе

2 syllables before stress	1 syllable before stress	Stressed syllable	Any syllable after stress
Not prominent	*Prominent*	*Very prominent*	*Not prominent*

НА	ПЛАТ	**ФОР**	МЕ

Reduction of ы

Unlike **o** and **a,** the vowel letter **ы** reduces to an "uh"-type vowel only when it occurs *after the stress* but *not as part of a grammatical ending:*

шашлы́к	Read as **ы** — stressed
газе́ты	Read as **ы** — last letter in the word
му́зыка	Read as "uh" — after the stress and not the last letter in the word
но́вый	Read as **ы** — part of a grammatical ending

 Listen to the utterances below.

1. Underline the stressed (very prominent) vowel.

2. Strike through the prominent vowels, i.e., those that are one syllable before the stress.

3. Place an "X" over the non-prominent vowels, i.e., those either with more than one syllable before the stress or anywhere after the stress.

1. по • па • дём

2. ба • ка • ле • я

3. та • ба • ка

4. хо • ро • шо

5. по • ми • дор

6. за • ка • зы • ва • ла

7. на • вто • ро • е

8. на • слад • ко • е

9. по • ка • зы • ва • ла

10. му • зы • ка

11. до • ро • го

12. мо • ло • дой

13. ра • бо • та • ют

14. ду • ма • ют

15. по • ка • за • ла

4. Now repeat the words in the list as accurately as you can, paying attention to vowel reduction.

 # Устные упражнения

Oral Drill 1 (9.1 есть) Say that the following people do not eat meat.

я	→	Я не ем мя́со.
она́	→	Она́ не ест мя́со.

э́ти студе́нты, ты, вы, сосе́дка по ко́мнате, ваш друг, моя́ тётя, мы

Oral Drill 2 (9.1 пить) Finish the sentence that you hear on the audio. Be as self-righteous as possible: "I'm not allowed to drink . . . *And I don't!*"

Мне нельзя́ пить. . .	→	. . .и я не пью!
Па́влу нельзя́ пить. . .	→	. . .и он не пьёт!

. . .нельзя́ пить.

Ма́ме . . . , Отцу́. . . ,

Нам. . . , Тебе́. . . , Мне. . . ,

Сосе́ду по ко́мнате. . . ,

Мои́м друзья́м. . . , Роди́телям

Oral Drill 3 (9.2 instrumental case of nouns and modifiers) Rephrase the sentences, following the model.

Я и твой сосе́д идём в кафе́.	→	Мы с твои́м сосе́дом идём в кафе́.

Я и. . . идём в кафе́.

но́вая студе́нтка, ва́ша мать, её мла́дшая дочь, америка́нский преподава́тель,

твоя́ сосе́дка, наш друг, на́ши роди́тели, мой де́душка,

э́та интере́сная де́вушка, э́тот молодо́й челове́к, ру́сские врачи́

Oral Drill 4 (9.2 instrumental case of pronouns) Confirm that your friend Vika is traveling with the following people.

> Ви́ка е́дет вме́сте с му́жем? → Да, они́ с ним е́дут вме́сте.

Ви́ка е́дет вме́сте...?

с ва́шей ма́терью, с племя́нником, с мла́дшей до́черью,

с сосе́дкой по ко́мнате, с ва́шими роди́телями,

со мной, с на́ми, с тобо́й, с ва́ми

Oral Drill 5 (9.2 instrumental case of nouns) Unlike the speaker who orders everything "without," you order everything "with."

> Мы берём мя́со без лу́ка. → А мы берём мя́со с лу́ком.

Мы берём...

ку́рицу без карто́шки

ры́бу без овоще́й

мя́со без со́уса

сала́т без помидо́ров

пи́ццу без грибо́в

пи́ццу без пе́рца

бутербро́д без сы́ра

ко́фе без молока́

чай без са́хара

Oral Drill 6 (9.3 future tense of быть — *to be*) When asked if various people were home yesterday, say no, but they will be home tomorrow.

> — Вади́м был до́ма вчера́? → — Нет, но он бу́дет до́ма за́втра.

Алекса́ндр, твои́ друзья́, преподава́тель, ты, вы,

Ники́тин, сосе́дка по ко́мнате, вы

Oral Drill 7 (9.4 imperfective future) When asked if various people are doing something today, say they will be doing it tomorrow.

> — Твои друзья сегодня отдыхают?   ➡   — Нет, они будут отдыхать завтра.

Лара сегодня готовит обед?

    Вы сегодня занимаетесь?

    Виктор сегодня слушает музыку?

    Дети сегодня смотрят телевизор?

    Ты сегодня работаешь?

    Родители сегодня убирают дом?

    Вы сегодня пишете письма?

    Ты сегодня ужинаешь в кафе?

Oral Drill 8 (9.4 imperfective future) You're bored. Your friend digs up an item that might divert your attention. Respond, using an appropriate verb in the future tense: "Look, here is a paper!" "Great, I'll read the paper!"

> — Вот журнал.   ➡   — Хорошо! Я буду читать журнал.
> — Вот диски.   ➡   — Хорошо! Я буду слушать диски.

Вот. . .

    книги, лимонад, газета, мороженое, шампанское, телевизор

Oral Drill 9 (9.5 perfective future) You're asked if you've done whatever you were supposed to have done by now. Say you'll get it done right away.

> — Вы уже́ написа́ли письмо́? ➡ — Нет, но я сейча́с напишу́!

Вы уже́...

прочита́ли журна́л?

пригото́вили у́жин?

съе́ли моро́женое?

вы́пили чай?

посмотре́ли фотогра́фии?

взя́ли докуме́нты?

посове́товали им, что де́лать?

пообе́дали?

поза́втракали?

поу́жинали?

сде́лали рабо́ту?

купи́ли о́вощи?

прослу́шали кассе́ту?

Oral Drill 10 (9.5 aspectual differences in the future) You're asked if you're ever planning to do whatever you were supposed to do. Yes, you say defensively. You'll get it done tomorrow!

> — Вы бу́дете писа́ть письмо́? ➡ — Я напишу́ письмо́ за́втра!
> — Вы бу́дете чита́ть кни́гу? ➡ — Я прочита́ю кни́гу за́втра!

Вы бу́дете...

покупа́ть оде́жду?

смотре́ть фильм?

гото́вить у́жин?

чита́ть журна́л?

есть котле́ты?

слу́шать этот диск?

де́лать зада́ния?

брать кни́ги?

Oral Drill 11 (9.5 perfective future) Tell your friend that Masha will do everything.

— Хо́чешь, я пригото́влю у́жин?	➡	— Не на́до! Ма́ша пригото́вит.
— Хо́чешь, я куплю́ газе́ту?	➡	— Не на́до! Ма́ша ку́пит.

Хо́чешь, я. . .

пойду́ в библиоте́ку?

скажу́ ей пра́вду?

куплю́ пода́рок?

пригото́влю за́втрак?

сде́лаю пи́ццу?

напишу́ письмо́?

прочита́ю тебе́ ру́сский текст?

возьму́ кассе́ты?

Oral Drill 12 (New verb взять: see also 9.5 aspect) When asked what various people will order, say that they'll probably get whatever is given as the prompt.

— (Ры́ба) Что бу́дет есть па́па?	➡	— Он, наве́рное, возьмёт ры́бу.
— (Сала́т) Что ты бу́дешь есть?	➡	— Я, наве́рное, возьму́ сала́т.

(мя́со) Вале́рий

(ку́рица) на́ши друзья́

(икра́) Анна Дми́триевна

(моро́женое) де́ти

(суп) мы

(яи́чница) я

(фру́кты) они́

(котле́та) дочь

Oral Drill 13 (New verb брать: see also 9.5 aspect) Some of the guests will probably order wine. *You* know that they *always* order wine.

> Жéня, навéрное, возьмёт винó. ➡ Онá всегдá берёт винó.
> Ты, навéрное, возьмёшь винó. ➡ Я всегдá берý винó.

Андрéй Михáйлович, я, мы,

нáши друзья́, вы, сосéд по кóмнате, Алла, ты

Oral Drill 14 (9.6 genitive of pronouns) Your friends are looking for a number of items. When asked if they are here, respond that they *were* here earlier, but they're gone now.

> — Кни́ги здесь? ➡ — Они́ бы́ли здесь, а тепéрь их нет.

Одéжда здесь?

Рубáшка здесь?

Тýфли здесь?

Подáрок здесь?

Универмáг здесь?

Брю́ки здесь?

Очки́ здесь?

Плáтье здесь?

Дéньги здесь?

Oral Drill 15 (9.6 prepositional of pronouns) Everyone knows about everyone else. Follow the models.

Ма́ша зна́ет о нас. ➡	И мы зна́ем о ней.
Мы зна́ем о Ки́ре и Макси́ме. ➡	И они́ зна́ют о нас.

Ки́ра и Макси́м зна́ют о вас.

Вы зна́ете о Ви́кторе.

Ви́ктор зна́ет о но́вом преподава́теле.

Но́вый преподава́тель зна́ет об э́тих студе́нтах.

Эти студе́нты зна́ют о на́ших друзья́х.

На́ши друзья́ зна́ют о мои́х роди́телях.

Мои́ роди́тели зна́ют о Же́не и Са́ше.

Же́ня и Са́ша зна́ют обо мне.

Я зна́ю о тебе́.

Ты зна́ешь о нас.

Мы зна́ем о Ма́ше.

Oral Drill 16 (9.6 declension of кто) You are told something about someone, but you can't make out the entire sentence. Ask for more information.

— *Мне* на́до рабо́тать. ➡	— *Кому́* на́до рабо́тать?
— *Анто́на* нет здесь. ➡	— *Кого́* нет здесь?
— Я ви́жу *Ве́ру*. ➡	— *Кого́* вы ви́дите?
— *Мой брат* был здесь. ➡	— *Кто* был здесь?
— Брат говори́л *об Анто́не*. ➡	— *О ком* он говори́л?

Ему́ на́до рабо́тать.

Мое́й сестры́ нет до́ма.

Наш оте́ц пошёл домо́й.

Мы ду́мали *о на́ших роди́телях*.

Мы говори́ли *об их вну́ке*.

Я ви́жу *твоего́ бра́та*.

Моему́ му́жу на́до быть до́ма.

Его́ нет на рабо́те.

Мы ви́дели *Са́шу*.

Ма́ма была́ на уро́ке.

У Зи́ны есть маши́на.

Oral Drill 17 (9.7 declension of что) You are told something about *something,* but you can't make out the entire sentence. Ask for more information.

> — *Телеви́зора* здесь нет.   ➡   — *Чего́* здесь нет?!
> — Я ви́жу *шко́лу.*   ➡   — *Что* вы ви́дите?!
> — Мы говори́м *об уро́ке.*   ➡   — *О чём* вы говори́те?!
> — Здесь была́ *шко́ла.*   ➡   — *Что* здесь бы́ло?!

Я ви́жу *университе́т.*

Мы ду́мали *о заня́тиях.*

Здесь бы́ли *кни́ги.*

Я купи́л *руба́шку и брю́ки.*

Ку́ртки здесь нет.

Он зна́ет *францу́зский язы́к.*

Все говоря́т *об э́том конце́рте.*

Я смотрю́ *но́вый фильм.*

Э́тому теа́тру сто лет.

Здесь был *но́вый дом.*

Oral Drill 18 (declension of modifiers, nouns, and pronouns; review) Practice declining the phrases given, answering the questions.

> но́вый продаве́ц
>
> Кто э́то?   ➡   Но́вый продаве́ц.
> Кого́ нет?   ➡   Но́вого продавца́.
> Кому́ вы покупа́ете пода́рок?   ➡   Но́вому продавцу́.
> Кого́ вы ви́дите?   ➡   Но́вого продавца́.
> О ком вы говори́те?   ➡   О но́вом продавце́.

мой ста́рший брат, моя́ ста́ршая сестра́, э́тот симпати́чный челове́к,

э́та краси́вая де́вушка, хоро́ший преподава́тель, хоро́шая студе́нтка,

на́ша ма́ленькая семья́, Ли́дия Петро́вна, Дми́трий Алексе́евич,

твой большо́й друг, я, он, она́, вы, они́, ты, мы

Письменные упражнения

1. **(Practice with large numbers)** Write out the words for the amount in rubles and kopecks.

52–50 _____ *пятьдесят два рубля, пятьдесят копеек* _____

32–50 _____

10–20 _____

7–92 _____

91–52 _____

84–70 _____

11 200 _____

19 800 _____

22 350 _____

91 700 _____

110 800 _____

2. **(9.1 есть and пить)** Fill in the blanks with the appropriate present-tense forms of **есть** or **пить**.

1. Утром я _____ хлеб и _____ чай с лимоном.

2. Маша _____ кашу и _____ молоко.

3. Её родители _____ яичницу и _____ чёрный кофе.

4. Днём я _____ суп с рыбой и _____ Пепси.

5. Вы тоже _____ суп?

6. Вечером эти студенты обычно _____ кофе с молоком.

7. Ты обычно _____ кофе или чай?

8. Ты _____ сладкое каждый день?

9. Мы _____ фрукты и _____ минеральную воду.

10. Этот человек вегетарианец, он вообще не _____ мясо.

11. Мне нельзя _____ перец и _____ какао.

3. **(9.1 есть, завтракать, обедать, ужинать, пить)** Express the following ideas about food in Russian, filling in the questions in parentheses with information that fits your life.

1. I usually eat breakfast (when) (where).

   _____

2. I love to eat (what).

   _____

3. I eat lunch (when, where).

   _____

4. For lunch (**на обед**) I eat (what) or (what), and drink (what).

   _____

5. I usually eat dinner (where).

   _____

6. I usually eat (what) without (what).

   _____

7. I am not allowed to eat (what) with (what).

   _____

4. (9.1 есть, пить) Compose ten factually and grammatically correct sentences from the elements given below. Use one phrase from each column in each sentence. Do not change word order.

я моя сестра мой брат мои родители дети американцы русские студенты	сейчас раньше	часто редко никогда не каждый день утром вечером	есть пить	молоко грейпфрут мясо шампанское кофе пицца гамбургеры овощи

1. _____
2. _____
3. _____
4. _____
5. _____
6. _____
7. _____
8. _____
9. _____
10. _____

5. (9.2 instrumental case) Fill in the menu items with anything that fits. Choose from the following:

> мясо, мясной фарш, красный перец, горячее молоко, сахар, чёрный хлеб, сыр, жареная картошка, шоколадный соус, рыбный салат, русская колбаса

1. Бутерброд с _____
2. Суп с _____
3. Кофе с _____
4. Рыба с _____
5. Мороженое с _____
6. Пицца с _____

6. (9.2 instrumental case) Following the model, rewrite sentences replacing the **Я и...** expressions with **Мы с...** expressions. Then complete the sentence. You may use any of the phrases at the right, or you can invent your own.

Я и вы... идём на урок	➡ Мы с вами идём на урок.

Я и наш друг...   любим ходить в кино, советуем вам заниматься,

Я и твоя соседка...   отдыхали дома, пойдём в столовую,

Я и семья...   возьмём вино, хорошо учимся, закажем обед,

Я и ты...   будем есть борщ

Я и она...

Я и он...

Я и вы...

1. _____

2. _____

3. _____

4. _____

5. _____

6. _____

7. _____

7. (9.2 instrumental case) Один или вместе?

1. Вы живёте с родителями, с соседом (с соседкой) или одни?

   _____

2. Вы занимаетесь с друзьями или одни?

   _____

3. Вы ходите на занятия с знакомыми или одни?

   _____

4. Вы отдыхаете с семьёй или одни?

   _____

5. Вы обедаете с другими студентами или одни?

   _____

> **ВНИМАНИЕ!**
> Он говорит:
> **Я живу́ оди́н.**
> Она говорит:
> **Я живу́ одна́.**

8. (9.3 future tense of быть) Make future-tense sentences from the following lists of words. Use the future tense of **быть.** Do not change word order. Be sure to put adjectives and nouns in the needed case.

1. Завтра / мы / быть / в / Санкт-Петербург

    _____

2. Днём / у нас / быть / свободное время (time)

    _____

3. Кто / где / быть?

    _____

4. Маша и Катя / быть / в / Эрмитаж

    _____

5. Кевин / быть / на / книжный рынок

    _____

6. Я / быть / в / новая школа

    _____

7. А / где / ты / быть, / Джон?

    _____

8. Нина Павловна, / где / вы / быть?

    _____

9. (9.3 future tense of быть, personalized) Answer the following questions, using complete sentences and the future tense of **быть** as in the model.

Где вы будете завтра днём? → Завтра днём я буду в библиотеке.

1. Где вы будете в пятницу вечером?

    _____

2. Где вы будете во вторник утром?

    _____

3. Где будут ваши друзья в субботу утром?

    _____

4. Где вы будете в августе?

    _____

5. Где будут ваши родители на Новый год?

    _____

10. (**9.4 imperfective future, personalized**) Indicate some things you will do next week by selecting ten activities from the list below and writing them in on the schedule. Do not use any verb more than twice. Follow the model provided.

> читать газету, книгу, журнал, письма, . . .
> писать письма, диссертацию, . . .
> слушать лекции, музыку, . . .
> рассказывать о России, . . .
> читать лекцию о политике, об экономике, . . .
> убирать комнату
> работать (где?)
> заниматься (где?)
> ужинать в ресторане

Понедельник: *Я буду заниматься в библиотеке.* _____

Вторник: _____

_____

Среда: _____

_____

Четверг: _____

_____

Пятница: _____

_____

11. (**9.5 verbal aspect**) Indicate whether each of the sentences in the following story refers to the present (P) or the future (F). Underline the words that make it possible to determine this.

__P__ Маша <u>сейчас готовит</u> пиццу.

_____ Завтра она приготовит котлеты по-киевски.

_____ Утром она купит курицу.

_____ Каждый день она покупает хлеб.

_____ Когда она будет в Москве, она не будет готовить.

_____ Она всё время будет ужинать в столовой.

_____ Там она возьмёт чай.

_____ А дома она обычно берёт кофе.

_____ Её мама советует ей не пить кофе.

_____ Сегодня вечером она возьмёт шампанское.

_____ Что отец посоветует ей делать?

_____ Тане надо будет есть овощи и фрукты каждый день.

12. (9.5 verbal aspect) Complete the following questions using the appropriate forms of the verbs, <u>and answer them</u>, saying that you will do what you are supposed to do. In some instances, both aspects work. Be ready to explain your choice.

1. Ты долго ещё (будешь готовить / приготовишь) обед?

   _____

   _____

2. Ты весь вечер (будешь пить / выпьешь) пиво?

   _____

   _____

3. Ты (будешь брать / возьмёшь) кофе с молоком на завтрак?

   _____

   _____

4. Ты быстро (будешь делать / сделаешь) пиццу?

   _____

   _____

5. Ты (будешь читать / прочитаешь) книгу весь вечер?

   _____

   _____

6. Ты не (будешь говорить / скажешь), как по-русски «customs»?

   _____

   _____

13. (9.5 брать vs. взять) Fill in the blanks, using the present tense of **брать** and the future tense of **взять**, where needed.

— Сейчас посмотрим, что в меню. Вот я, наверное, [will get] _____ рыбу.

   Ты, как всегда, [will get] _____ мясо?

— Да. Я всегда [get] _____ мясо.

— А если нет мяса?

— Тогда мы [will get] _____ две порции рыбы.

— А на сладкое что мы [will get] _____?

— Сейчас посмотрим. Интересно, что [are getting] _____

   молодые люди, которые вон там сидят. Кажется, им несут что-то очень вкусное.

14. (9.5 verbal aspect) Translate into Russian.

1. "What are you going to buy for Katya?" "I'll buy her a white T-shirt."

   _____

   _____

2. I always get chicken in restaurants, but today I'll get fish.

   _____

   _____

3. We'll tell them about the test today.

   _____

4. The students will read through the text very quickly.

   _____

5. Mother will be cooking dinner all day long (весь день).

   _____

6. Today we'll order meat with rice.

   _____

7. We'll go to the store tomorrow.

   _____

15. (9.6 genitive for personal pronouns) Answer the following questions in the negative, using genitive of absence, following the model.

Маши здесь нет?	➡	Нет, её нет.
Книг здесь нет?	➡	Нет, их нет.

1. Друзей здесь нет? _____

2. Кирилла здесь нет? _____

3. Лампы здесь нет? _____

4. Родителей здесь нет? _____

5. Телефона здесь нет? _____

6. Детей здесь нет? _____

7. Лены здесь нет? _____

16. (9.6 prepositional of personal pronouns) Answer the questions affirmatively, using pronouns as in the models.

Анна говорит о тебе? ➡ Да, она говорит обо мне. Ты говоришь обо мне? ➡ Да, я говорю о тебе.

1. Они говорили об Олеге? _____

2. Олег говорит о родителях? _____

3. Родители говорят о детях? _____

4. Дети говорят о дне рождения? _____

5. Ты говоришь о курсах? _____

6. Вы говорите об Анне? _____

7. Студенты говорят о политике? _____

8. Папа говорит о тебе? _____

9. Преподаватель говорит о вас? _____

10. Вы говорите о нас? _____

17. (9.6 declension of personal pronouns) Answer the following questions, using pronouns according to the models.

— Алла говорит о Пете? ➡ — Да, она говорит о нём. — Петя работает там? ➡ — Да, он работает там. — Петя знает Аллу? ➡ — Да, он её знает.

1. Книги были здесь? _____

2. Саша говорил о Маше? _____

3. Маша знает Сашу? _____

4. Галя купила книгу? _____

5. Мама подарила сыну видеокамеру? _____

6. Света думала о Вадиме? _____

7. У Люды есть машина? _____

8. Вы знаете родителей Вадима? _____

9. Вы знаете Андрея и Аню? _____

10. Дети думают о подарках? _____

18. (pulling it together) Answer the following questionnaire.

1. Какие фрукты вы любите?

_____

2. Какие овощи вы любите?

_____

3. Что вы любите есть на завтрак? На обед? На ужин?

_____

4. С кем вы обычно ходите в ресторан?

_____

5. Что вы обычно заказываете в ресторане?

_____

6. Что вы пьёте на завтрак? Если вы пьёте кофе или чай, то с чем вы его пьёте?

_____

7. Что вам нельзя есть?

_____

8. Что вам нельзя пить?

_____

9. Что вам надо есть каждый день?

_____

10. Какую кухню вы любите?

_____

Биография

Числительные

Listen to the audio and write down the years of birth of these famous people.

год рожде́ния

1. Ю́рий Гага́рин (пе́рвый космона́вт) _____

2. Земфи́ра Рамаза́нова (арти́стка эстра́ды) _____

3. Влади́мир Пу́тин (полити́ческий де́ятель) _____

4. Роа́льд Сагде́ев (астрофи́зик) _____

5. Окса́на Коростыше́вская (киноактри́са) _____

6. Татья́на Митко́ва (тележурнали́ст) _____

7. Татья́на Толста́я (писа́тель) _____

8. Илья́ Глазуно́в (худо́жник) _____

9. Алексе́й Балаба́нов (кинорежиссёр) _____

10. Бе́лла Ахмаду́лина (поэт) _____

Фонетика и интонация

IC-4 in Questions Asking for Additional Information

Intonation Contour 4 (IC-4)

IC-4 is used for questions beginning with the conjunction **a** that ask for additional information on the topic at hand. The best English equivalent is "And what about. . . ?" IC-4 is characterized by a low rising tone:

              3   1
— Когда́ мне бы́ло 10 лет, мы перее́хали в Кли́вленд.

              4   4
— А до э́того?   — А пото́м?

              1   1
— До э́того мы жи́ли в Чика́го.   — А пото́м мы перее́хали в Да́ллас.

Keep in mind that not all utterances beginning with **a** feature IC-4, only those that ask for additional information.

A. Determine which of the sentences below can be expected to have IC-4. Then listen to the audio to see if you were correct.

— Кто э́то на фотогра́фии?

— Брат.

— А э́то?

— Сестра́. Вот сестра́ родила́сь в Ирку́тске.

— А брат? Он то́же из Ирку́тстка?

— Нет, он роди́лся и вы́рос в Новосиби́рске. Пото́м он перее́хал в Москву́ рабо́тать.

— А институ́т? Како́й институ́т он око́нчил?

— А он не учи́лся в институ́те. Он сра́зу пошёл рабо́тать.

— А сестра́? Она́ учи́лась в институ́те?

— Она́ ещё у́чится. В медици́нском. На пя́том ку́рсе.

— А пото́м?

— Пото́м ордина ту́ра.

— А по́сле э́того?

— Рабо́та в го́спитале.

Б. Repeat the utterances given above so that your intonation matches that of the speakers on the audio.

Устные упражнения

Oral Drill 1 (10.1 resemblance and review of accusative case) Say that the person showing you pictures resembles the people in the photographs.

> — Это фотогра́фия ма́мы. ➡ — Вы о́чень похо́жи на ма́му!
> — Это фотогра́фия бра́та. ➡ — Вы о́чень похо́жи на бра́та!

Это фотогра́фия...

пáпы, тёти, роди́телей, бáбушки, мáтери, дя́ди, отцá, сестры́,

брáта, дéдушки

Oral Drill 2 (10.1 resemblance and review of accusative case) Agree with the speaker that the people look alike.

> — Сын похо́ж на отцá. ➡ — И отéц похо́ж на сы́на.
> — Мать похо́жа на дочь. ➡ — И дочь похо́жа на мать.

Брат похо́ж на сестру́.

Муж похо́ж на мать.

Ты похо́ж на меня́.

Мы похо́жи на вас.

Онá похо́жа на него́.

Они́ похо́жи на нас.

Вы похо́жи на неё.

Вера похо́жа на Макси́ма.

Эта студéнтка похо́жа на брáта.

Дéти похо́жи на роди́телей.

Oral Drill 3 (10.2 expressing location) Say where these cities or countries are located.

> Москвá – Вашингто́н ➡ Москвá на восто́ке от Вашингто́на.
> Алабáма – США ➡ Алабáма на ю́ге США.

Гермáния–Росси́я, Нью-Йорк–Лос-Анджелес, Сан-Диéго–Калифо́рния, Испáния–Фрáнция, Ки-Уэст–Флори́да, Мéксика–США, Бо́стон–Массачýсетс, США–Канáда, Невáда–Калифо́рния

Oral Drill 4 (10.3 elementary/high school versus university) Listen for these students' level of study. Then state whether they go to elementary/high school or college.

> — Витя у́чится в деся́том кла́ссе. ➡ — Зна́чит, он у́чится в шко́ле.
> — Алла у́чится на тре́тьем ку́рсе. ➡ — Зна́чит, она́ учится в университе́те.

Зи́на у́чится на пе́рвом ку́рсе.

Жа́нна у́чится на пя́том ку́рсе.

Ко́ля у́чится в шесто́м кла́ссе.

Марк у́чится во второ́м кла́ссе.

Та́ня у́чится на тре́тьем ку́рсе.

Воло́дя у́чится на второ́м ку́рсе.

Oral Drill 5 (10.3 elementary/high school versus university) When told where various people go to school, ask what year they're in.

> — Ма́ша у́чится в шко́ле. ➡ — Да? В како́м кла́ссе она́ учится?
> — Бра́тья Ка́ти у́чатся в институ́те. ➡ — Да? На како́м ку́рсе они́ учатся?

Де́ти у́чатся в шко́ле.

Ди́ма у́чится в университе́те.

Сёстры Са́ши у́чатся в институ́те.

Анто́н у́чится в шко́ле.

До́чери сосе́да у́чатся в шко́ле.

Вале́ра у́чится в институ́те.

Oral Drill 6 (10.3 поступа́ть/поступи́ть куда́) Listen to the statements telling you how good a student various people are, and indicate the probability that they will go to the university.

> — Я хорошо́ учу́сь. ➡ — Ты, наве́рное, посту́пишь в университе́т.
> — Ва́ря пло́хо у́чится. ➡ — Она́, наве́рное, не посту́пит в университе́т.

Ми́ла хорошо́ у́чится.

Са́ша пло́хо у́чится.

Я хорошо́ учу́сь.

Бра́тья хорошо́ у́чатся.

Друзья́ пло́хо у́чатся.

Вы хорошо́ у́читесь.

Ты хорошо́ у́чишься.

Сын сосе́да пло́хо у́чится.

Oral Drill 7 (10.3 поступа́ть/поступи́ть *куда́*) When told where various people go to school, ask when they entered.

> — Ма́ша у́чится в институ́те. ➡ — А когда́ она́ поступи́ла в институ́т?
> — Мы у́чимся в аспиранту́ре. ➡ — А когда́ вы поступи́ли в аспиранту́ру?

Я учу́сь в ко́лледже.

Воло́дя у́чится в университе́те.

Ми́ша у́чится в аспиранту́ре.

Кири́лл и Ва́ня у́чатся в акаде́мии.

Ла́ра у́чится в гимна́зии.

Oral Drill 8 (10.4 око́нчить шко́лу, университе́т, институ́т) Ask when the people will graduate.

> — Ма́ша у́чится в шко́ле. ➡ — А когда́ она́ око́нчит шко́лу?
> — Мы у́чимся в аспиранту́ре. ➡ — А когда́ вы око́нчите аспиранту́ру?

Я учу́сь в институ́те.

Воло́дя у́чится в университе́те.

Ми́ша у́чится в шко́ле.

Кири́лл и Ва́ня у́чатся в аспиранту́ре.

Ла́ра у́чится в ко́лледже.

Oral Drill 9 (10.4 в како́м году́?) Check that you heard the birth years of the Russian writers correctly.

> — Юлия Вознесе́нская родила́сь в 1940-о́м году́. ➡
> — В како́м году́? В 1940-о́м году́?

Алекса́ндр Солжени́цын роди́лся в 1918-ом году́.

Викто́рия То́карева родила́сь в 1937-ом году́.

Бори́с Пастерна́к роди́лся в 1890-ом году́.

Осип Мандельшта́м роди́лся в 1891-ом году́.

Наде́жда Мандельшта́м родила́сь в 1899-ом году́.

Влади́мир Маяко́вский роди́лся в 1893-ем году́.

Евге́ния Ги́нзбург родила́сь в 1906-ом году́.

Васи́лий Аксёнов роди́лся в 1932-ом году́.

Ви́ктор Пеле́вин родился в 1962-ом году́.

Oral Drill 10 (10.5 че́рез, наза́д) Say when various people will graduate from the university.

> Когда́ брат око́нчит университе́т? (три, год) ➝
> Брат око́нчит университе́т че́рез три го́да.

Когда́. . .

твой племя́нник (три, ме́сяц), ва́ша двою́родная сестра́ (четы́ре, год), их де́ти (два, неде́ля), её сын

(пять, год), его́ жена́ (шесть, неделя), на́ша племя́нница (семь, ме́сяц), муж Ири́ны (неде́ля)

Oral Drill 11 (10.5 че́рез, наза́д) Say when these people entered graduate school.

> Когда́ Окса́на поступи́ла в аспиранту́ру? (два, год) ➝
> Окса́на поступи́ла в аспиранту́ру два го́да наза́д.

Когда́. . .

э́та америка́нка (пять, ме́сяц), ее подру́га (год), их бра́тья (три, год), его́ сосе́д (пять, неде́ля),

на́ши друзья́ (два, ме́сяц), Джон (три, неде́ля), Вика Соколова (четы́ре, ме́сяц)

Oral Drill 12 (10.5 че́рез, наза́д) Substitute with the cue given.

> Я око́нчу университе́т че́рез год. Ма́ша ➝
> Ма́ша око́нчит университе́т че́рез год.
> год наза́д ➝ Ма́ша око́нчила университе́т год наза́д.

Ива́н	они́
за́втра	че́рез 3 го́да
вчера́	я
мы	ты
Анна	4 ме́сяца наза́д
че́рез неде́лю	они́

Oral Drill 13 (10.6 verb aspect) When asked if you are doing something, say that you've already finished it.

> — Вы чита́ете кни́гу? ➔ — Мы уже́ прочита́ли кни́гу.

Вы за́втракаете?

Вы обе́даете?

Вы у́жинаете?

Вы пи́шете письмо́?

Вы смо́трите фильм?

Вы зака́зываете стол в рестора́не?

Вы расска́зываете о семье́?

Вы пока́зываете фотогра́фии?

Вы гото́вите пи́ццу?

Oral Drill 14 (Review of all tenses) You're talking to a chatterbox and you've lost your temper. Insist that you don't want to hear another word about what the person in question did, is doing, or is going to do!

> — Вы знаете, где отдыхает Жанна?
> — Не знаю, где она отдыхала, где она отдыхает, или где она будет отдыхать!

Вы зна́ете, . . .

где рабо́тает Евге́ний?

где у́чится Ва́ня?

где живёт Воло́дя?

где живу́т де́ти?

где я учу́сь?

где мы рабо́таем?

Oral Drill 15 (New verb пока́зывать/показа́ть) Your friend is looking for people who promised to show her their photos. Assure her that the person will show them right away.

> — Где Вади́м? Мы ещё не смотре́ли его́ фотогра́фии! ➔
> — Он их сейча́с пока́жет.
> — Где они́? Мы ещё не смотре́ли их фотогра́фии! ➔
> — Они́ их сейча́с пока́жут.

Где. . .

сосе́ди, э́ти тури́сты, фото́граф, она́, на́ши друзья́, Аня, роди́тели, ва́ша племя́нница

Oral Drill 16 (New verb расска́зывать/рассказа́ть) Assure your friend that he hasn't yet missed the story about how someone moved from one place to another. The story is about to be told.

> — Воло́дя рассказа́л, как он перее́хал? ➡ — Нет, но сейча́с расска́жет.
> — Вы рассказа́ли, как вы перее́хали? ➡ — Нет, но сейча́с расска́жем.

Они́ рассказа́ли, как они́ перее́хали?

Сосе́д. . .?

Валенти́на Влади́мировна. . .?

Ты. . .?

Ва́ши бра́тья. . .?

Вы. . .?

Oral Drill 17 (New verb переезжа́ть/перее́хать) You're asked if various people move a lot. State that they do, and add that they moved a year ago and will move again in a year.

> — Вы ча́сто переезжа́ете? ➡
> — Да, мы переезжа́ем ча́сто. Мы перее́хали год наза́д и перее́дем че́рез год.

Эта семья́ ча́сто переезжа́ет?

Брат Ве́ры. . .? Их де́ти. . .?

Роди́тели Ро́берта. . .?

Твой друг. . .? Ты. . .?

Oral Drill 18 (New verb реша́ть/реши́ть) When asked if someone is still deciding what to do, indicate that the person has already decided.

> — Ви́тя ещё реша́ет, что де́лать? ➡ — Нет, он уже́ реши́л.

На́дя, Валенти́н Петро́вич, Со́фья Алекса́ндровна, Гри́ша и Пе́тя, вы

Oral Drill 19 (10.7 ездил ~ поехал) Answer *yes* to the questions. If asked whether various people are somewhere else, answer that they have gone there (and not returned). If asked whether they were there, answer that they went there and came back.

Где Наташа? В бассейне?	➡	Да, она поехала в бассейн.
Где был Гена? В больнице?	➡	Да, он ездил в больницу.

Где Сергей? На работе?

Где была бабушка? На рынке?

Где были дети? В музее?

Где русские студенты? На лекциях?

Где туристы? В театре?

Где был твой старший брат? На стадионе?

Где была ваша тётя? На концерте?

Где Игорь? В институте?

Где ваши соседи? Дома?

Где был профессор? В России?

Oral Drill 20 (10.8 have been doing) How would you say how long various people have been studying in college?

Сколько времени этот студент учится в университете? (6, месяц) ➡	
Он учится в университете шесть месяцев.	

Сколько времени учится. . .

твой друг (2, год)

ваш племянник (3, месяц)

его дочь (4, год)

их внук (7, месяц)

сестра Сергея (2, неделя)

её двоюродный брат (5, год)

Письменные упражнения

1. (10.1 resemblance)

A. Indicate that the following people look alike, following the model.

> Дочь, Иван ➡ Дочь похожа на Ивана.

1. Маша, бабушка

   _____

2. сын, отец

   _____

3. этот молодой человек, родители

   _____

4. Вадим, братья

   _____

5. Александр, брат

   _____

6. дедушка, наш президент

   _____

7. Лена, тётя

   _____

8. Анна, сёстры

   _____

9. Сьюзан, Джим

   _____

10. я, ?

   _____

Б. Write five more sentences based on the model, about members of your family.

11. _____
12. _____
13. _____
14. _____
15. _____

2. (10.2 expressing location)

A. Fill in the blanks with the appropriate word. Consult the map on the book flap as you complete this exercise.

1. Новгород на _____ от Санкт-Петербурга.

2. Новосибирск на _____ от Иркутска.

3. Екатеринбург на _____ от Москвы.

4. Вильнюс на _____ от Минска.

Б. Describe the location of your hometown with respect to the following cities. Remember that foreign nouns ending in **-о** or **-и** do not decline.

5. Чикаго

   _____

6. Вашингтон

   _____

7. Лос-Анджелес

   _____

8. Сан-Франциско

   _____

9. Филадельфия

   _____

3. (10.3 — поступать / поступить *куда*, окончить *что*)

А. Insert the preposition **в** where needed.

1. Лариса окончила _____ школу в 2000-ом году. Потом она

   поступила _____ университет.

2. Её знакомые Гриша и Яша уже окончили _____ университет.

3. Когда Гриша окончил _____ университет, он поступил _____ аспирантуру.

4. Брат Ларисы поступал _____ медицинский институт, но не поступил.

5. Её сестра окончила _____ гимназию в прошлом году.

Б. Express the following questions in Russian. Do not translate word for word; rather, use the needed Russian structures. Use **вы.** Pay special attention to verb tense.

1. When did you graduate from school?

   _____

2. When did you enter the university?

   _____

3. When did your mother finish graduate school?

   _____

4. Will your brother enter an institute when he finishes high school?

   _____

   _____

5. Do all Russian schoolchildren apply to the university?

   _____

4. (Education vocabulary в классе vs. на курсе) Fill in the blanks with the appropriate words. You should be able to tell what grade or class the people mentioned in number 1 are in from the context.

1. Аня учится в школе, _____ первом _____. Её брат Миша на два

   года старше. Он учится _____ _____

   _____. Их сосед Андрей поступил в институт в сентябре.

   Значит, он учится _____ _____ _____.

   Сестра Андрея окончит институт в июне. Значит, она учится

   _____ _____ _____.

2. Я учусь _____ _____ _____.

5. (Education vocabulary) Answer in complete sentences.

Use the following phrases if you need them:

- No one is in (grade / high) school. = Никто не учится в школе.
- No one is in college / university. = Никто не учится в университете.

1. Сколько классов в американской школе?

   _____

2. Сколько классов в русской школе?

   _____

3. Сколько лет учатся американские студенты? (Внимание: **студент ≠ школьник!**)

   _____

4. Сколько лет учатся русские студенты? (Внимание: **студент ≠ школьник!**)

   _____

5. Кто в вашей семье учится в школе? В каком классе?

   _____

6. Кто в вашей семье учится в университете? На каком курсе?

   _____

6. (10.5 Expressing year when: personalized) Answer the questions in complete sentences.
If you do not have the relative(s) asked about in a question, skip that question. Write numbers
as words, and write in accent marks. Practice saying the sentences until you can do so quickly
and confidently.

1. В каком году вы родились?

   _____

2. В каком году родились ваши родители?

   _____

   _____

   _____

3. В каком году родились ваши братья и сёстры?

   _____

   _____

   _____

4. В каком году родилась ваша жена (родился ваш муж)?

   _____

   _____

   _____

5. В каком году родились ваши дети?

   _____

   _____

   _____

7. (10.5 че́рез, наза́д) Pick five questions below and answer them in complete sentences, using a time expression with **че́рез** or **наза́д.**

1. Когда вы окончили школу?

2. Когда вы поступили в университет?

3. Когда вы окончите (окончили) университет?

4. Когда вы были в России?

5. Когда вы едете в Москву?

6. Когда вы первый раз ездили в Вашингтон?

7. Когда вы читали газету?

8. Когда вы будете читать русские газеты?

9. Когда вы будете отдыхать?

10. Когда вы будете смотреть телевизор?

_____

_____

_____

_____

_____

_____

_____

_____

_____

8. (10.6 verbal aspect: past tense) Circle the imperfective verbs and underline the perfective verbs. Be prepared to explain the reason for the aspect choice.

1. Вчера Лена долго читала книгу. Наконец она её прочитала.

2. Андрей долго писал письмо. Теперь он его написал.

3. — Американцы часто переезжают? — Да. Мы, например, переезжали часто. Когда мне было 10 лет, мы переехали в Чикаго.

4. — Вы обедаете? — Нет, уже пообедала.

5. Вы читали «Братьев Карамазовых»?

6. — Вы слушаете запись текста? — Мы её уже послушали. Теперь слушаем музыку.

7. — Вы уже купили новый шарф?

8. — Что вы делали вчера? — Ходила в кино, читала, отдыхала.

9. — Вы вчера писали письмо? — Да, и написала.

10. Мы пошли в центр, купили овощи и приготовили вкусный ужин.

11. Соня обычно покупала газету, но вчера Витя купил её.

12. На прошлой неделе Гриша читал газету каждый день.

13. Вера часто заказывала стол в ресторане.

14. Лара редко заказывала билеты*, она обычно покупала их в театре.

15. Мы заказали билеты в театр.

*билéт — ticket

9. (10.6 verbal aspect: past tense) Skim the following passage. You do not know every word in it, but you should be able to understand a great deal of it. Then read it again, paying special attention to the verbs in bold. Are they imperfective or perfective? Why?

Здравствуйте. Меня зовут Анна. Я **родилась** в Берлингтоне, штат Вермонт. Но когда мне было два года, наша семья **переехала** в Вашингтон. Я там и **выросла.** Когда я была маленькой, я всё время **читала.** Родители меня всегда **спрашивали:** «Что ты всё время сидишь дома? Иди лучше на улицу.» А я всегда **отвечала:** «Мне и так хорошо.» Родители ничего не **понимали.** Когда мне было семнадцать лет, я **поступила** в университет на факультет английского языка. В университете **училась** очень хорошо. Все преподаватели мне **советовали** поступить в аспирантуру. Но у меня не было денег. Поэтому когда я **окончила** университет, **я решила** пойти работать. Я **думала** так: «Сначала я поработаю, заработаю деньги, потом **поступлю** в аспирантуру. Через два года я **поступала** в Мичиганский университет, но не **поступила.** Наконец, в 1991-ом году я **поступила** в аспирантуру. Моя специальность — американская литература. Как видите, всё хорошо, что хорошо кончается.

10. (10.6 verbal aspect: past tense) Select the appropriate verbs.

1. Вчера мы (покупали / купили) газету вечером, но раньше мы всегда (покупали / купили) её утром.

2. Когда мы жили в Воронеже, мы часто (заказывали / заказали) билеты в театр. Мы их (заказывали / заказали) по телефону.

3. Наша семья часто (переезжала / переехала). Например, в 86-ом году мы (переезжали / переехали) в Кливленд, а в 87-ом году мы (переезжали / переехали) в Олбани.

4. Раньше Ксана всегда (читала / прочитала) Толстого. Вчера она (читала / прочитала) книгу Достоевского.

5. Петя часто (писал / написал) письма.

6. Наташа и Вера редко (покупали / купили) книги. Они обычно (читали / прочитали) их в библиотеке. Но вчера они (покупали / купили) книгу.

7. — Надя показывает квартиру? — Она её уже (показывала / показала).

8. — Что делал Ваня вчера? Он (рассказывал / рассказал) о семье.

9. — Костя рассказывает об Америке ? — Он уже всё (рассказывал / рассказал).

10. — Дети обедают? — Они уже (обедали / пообедали).

11. — Что делали дети? — Они (обедали / пообедали).

12. — Вы ужинаете? — Нет, мы уже (ужинали / поужинали).

13. Когда Сергею было 10 лет, он всегда (читал / прочитал) книги.

14. Вчера мы (покупали / купили) продукты, (готовили / приготовили) ужин и (ужинали / поужинали) дома.

15. Раньше мы редко (покупали / купили) продукты и (ужинали / поужинали) дома.

16. Вчера мы весь день (готовили / приготовили) ужин.

11. **(10.6 verbal aspect: past tense)** Fill in the blanks with an appropriate past-tense verb.

1. — Вы обедаете?

   — Нет, мы уже _____.

2. — Вы читаете газету?

   — Нет, я её уже _____.

3. — Вы готовите ужин?

   — Нет, мы его уже _____.

4. — Мария пишет упражнение?

   — Нет, она его уже _____.

5. — Алёша смотрит программу?

   — Нет, он её уже _____.

6. — Дети показывают фотографии?

   — Нет, они их уже _____.

7. — Рик рассказывает о Флориде?

   — Нет, он уже _____.

8. — Он поступает в аспирантуру?

   — Он уже _____.

9. — Она переезжает?

   — Она уже _____.

10. — Кира решает, где учиться?

    — Она уже _____.

11. — Виктор завтракает?

    — Он уже _____.

12. — Света заказывает стол в ресторане?

    — Она его уже _____.

13. — Вы покупаете словарь?

    — Мы его уже _____.

14. — Дети ужинают?

    — Они уже _____.

12. (**10.7 ездил vs. поехал, ходил vs. пошёл**) Fill in the blanks with the appropriate form of the needed verb.

1. — Где Иван? — Он _____ в Москву.

2. — Где была Маша неделю назад? — Она _____ в Киев.

3. — Где Анна? — Она _____ в кино.

4. — Где она была вчера? — Утром _____ на рынок.

5. — Где были родители? — Они _____ в Тверь.

6. — Где дети? — Они _____ в школу.

7. — Где Андрей? — Он _____ в Ленинград.

8. — Где вы были неделю назад? — Мы _____ в Ереван.

9. — Где вы были во вторник? — Мы _____ в зоопарк.

10. — Где профессор? — Он _____ в библиотеку.

13. (**10.7 Verbs of going review**) Translate into Russian.

"Where is your daughter?" "She went to Chicago."

_____

"Where did your parents go last year?" "They went to Italy." (Италия)

_____

"Where are the kids?" "They went to the park."

_____

"Where were you on Saturday?" "I went to a concert."

_____

"Where is he going?" "He's going to the store."

_____

"Do your friends often go to the theater?" "Yes, they go often."

_____

"Where was Bill a week ago?" "He went to Florida."

_____

"Where is your teacher?" "She went to the library."

_____

14. (10.8 have been doing) Express in Russian.

"How long have you been living in the dorm?" "I've been living there for three years."

_____

"How long has your sister been going to college?" "She has been going to college for four months."

_____

"How long has your nephew been studying Russian?" "He has been studying it for a year."

_____

"How long have your friends been working here?" "They have been working here for just a month."

_____

15. (10.8 have been x-ing: personalized) Complete the following sentences so that they are factually and grammatically accurate.

1. Я давно. . .

2. Мои родители давно. . .

3. Я изучаю русский язык. . .

16. (Review) Compose an accurate paragraph in Russian by putting the correct endings on the following elements. Do not change word or sentence order, and do not add any words.

У / Кирилл / и / Елена / двое / дети. Сын / уже / учиться / в / институт. Он / туда / поступить / два / год / назад. Его / сестра / ещё / учиться / в / школа. Она / учиться / в / десятый / класс. Когда / она / окончить / школа, / она / хотеть / пойти / работать.

Для заметок

Для заметок

Для заметок

Для заметок

Для заметок

Для заметок

Для заметок

Для заметок

Для заметок

Для заметок

Для заметок

Для заметок